人生は髪でズバッと変わ

なんとなく髪を切って
損をしないためのすごいコツ

著＝大月 渉
OTSUKI SHOU
装画＝ふじた
FUJITA

はじめに

なぜ、カッコよくなりたいのになれない人がこの世の中に溢れかえっているのか？

「スタイルが悪いから……」
「顔がかっこよくないから……」

そんな、１＋１＝２みたいな、当たり前で単純な人たちが溢れかえっているからだと思うんです。どんな場合も考え方次第——なんて精神論を言うつもりもありませんが、カッコいいなんてあくまで誰かの主観でしかないと思うんです。

例えば、芸能人のなかでも「カッコいい」と世間から言われている人はたくさんいます。しかし、その「カッコいい」にもいろいろあると思うんです。最近、ドラマや映画に引っ張りだこの山﨑賢人さん。ジャニーズの木村拓哉さん、渋さが際立つ吉川晃司さん――。それぞれ年代はバラバラで、さらに「カッコいい」の部類も違います。

渋さや色気やフレッシュさ。
そのどれをとっても「カッコいい」です。

ただ、世間の人の中には、この3つを「カッコいい」と一括りにして認識してしまう人がいます。そのような人は、自分はカッコよくなれないと思いこんでいる場合が多いです。

世の中のカッコいい人たちを細かく見てみると、年代によって髪型も違えばカラーやパーマの感じも違います。個人の年齢や雰囲気に合わせた髪型をすることによって印象がまったく変わってくるのです。例えば、吉川晃司さんが黒髪の短髪になりさらにヒゲを剃ったらかなり若々しくなると思いませんか？　そのとき、そこにあるのは渋さではなく中年男性の爽やかさです。

髪型のジャンル、顔の形、年齢など。

一つ一つをちゃんと解決していけば、必ず誰しもが「カッコいい」を手に入れられます。仮に、お世辞にもあまり整っているとは言い難い顔立ちをしている方でも、髪型を変えれば雰囲気も変わり、その人の持つ魅力を最大限引き出すことができます。

「自分はブサイクだからどうせ…」

「暗い性格だから変われっこない…」


そんな風に思っているあなた。

僕は、そんなあなたにどうしてもこの本を読んでもらいたい。

もしくは、近くにそんな方がいる人には、ぜひこの本を薦めて欲しいです。まだ25歳の僕ですが、髪を切ることによっていろんな人を変えています。でも、そこで僕は気付いたのです。


人を変えるより、自分を変える方が簡単だということに。


だからまずは、自分の考え方から変えてみてください。

変えられたら僕のところに来てください。

あとは僕が変えてみせます。
髪だって、人生だって。

所詮、1+1=2。そりゃそうなんですよ。
けれど「1+1でも僕が計算したら1000くらいにはなりますね」
——なんて意味のわからないぶっ飛んだ回答する美容師がいたら。可能性は無限大です！　って言い切れる美容師がいたら。その人に任せてみたいと思いませんか？

この本は、そんなぶっ飛んだ回答も真面目にしちゃう美容師が書いています。美容室に行く楽しさ、髪型について考える楽しさをこの本を通じて今から皆さんにお届けできればと思います。

あ、内容はぶっ飛んでないですし、しっかり書き上げたので安心してください。

それでは、『人生は髪でズバッと変わる　なんとなく髪を切って損をしないためのすごいコツ』。

どうぞお楽しみください。

CONTENTS

Chapter 02

なんとなく髪を切らないために

髪を切る前に知っておきたいスタイリングの常識

Chapter 03

あなたの髪はこう見えている！

自分の生活から、必要としている髪型はわかる

Chapter 04

人生変わる！ Before / After 実例集

劇的にイメージを変えるための具体的な方法

Chapter

05

大月渉の「スタイリングQ＆A」

今さら聞けない悩みや疑問をズバッと解決

Chapter 01

本当に髪で
人生は変わるのか?

見た目の印象を変えて「理想の自分」を手に入れる

Tips 01

本当に髪で人生は変わるのか？

髪が決めているあなたのイメージ

『人生は髪でズバッと変わる』——なんてタイトルの本ですが、決して大げさに言っているわけではないのです。読者の皆さんが普段生活をしている社会では、本当に髪が重要になっています。

皆さん、「人は見た目が９割」という言葉を聞いたことはありませんか？　これも決して過言ではなく、**人は無意識に他人のイメージを容姿から判断し、イメージ別にカテゴライズしている**のです。


「アナウンサー顔だね」

「社長秘書やってそうだね」

「飲み会とか好きそう」

「アニメとか好き…？」

これらの言葉を口にする前に、皆さんも自分の頭の中にすでにあるイメージとあなたの目の前にいる人を結び付けているのではないでしょうか？

人は物事を判断するときに、意識をしていなくても何か理由を頭の中で思い描いている場合が多々あります。

髪に限らず、メイクを落としてシャワーを浴びた女の子や、普段スーツの会社員の同僚が休日に私服で髪を下ろしている姿を見ると、「なんだかいつもと違う感じだな」と思うはずです。

それは決して、ビジュアルだけのことを言っているのではなく、普段はメイクが濃くて髪を巻いている女性も、家ですっぴんと素の髪を見るとなんだか家庭的に見えたり、普段バシッとスーツを着てバリバリ仕事をこなす営業マンも、休日にラフな私服で髪を下ろしていれば、何だかやさしいパパのような印象を持つでしょう。

ビジュアルが起因となってイメージを決定付ける。

それはこれを読んでいるあなたにも思い当たる節があると思います。つまり、あなたが思っていることは、周りのみんなも思っているということなのです。

人生とはすなわち、日々の生活の積み重ね。

その**日々の生活を形作っているものの一つがあなたの容姿であり、髪であり、それを見る周りの人たち**なのです。

髪に関して、僕はいつも「いつ誰に会っても恥ずかしくないようにしよう」ということを心がけています。これはつまり「いつ何時訪れるかわからないチャンスを、身だしなみが原因でみすみす逃さないようにしよう」ということです。

具体的に言えば、僕はアイドルで言うと、卒業してしまいましたが篠田麻里子さんが好きでした。その好きなアイドルや芸能人に、もしも道でバッタリ出会ったら——そのとき、髪もヒゲも整えていない状態だったら、あなたは話しかけられますか？　仮に話しかけることができたとしても、堂々と相手の目を見て話せますか？

これは、もしも芸能人に出会ったら……というタラレバの話ではありません。もしも、その日出会った人が、あなたのクライアントであったり、自分が密かに片想いしている人、友達になってまだ日の浅い人だったりしたらどうでしょう？

ちょっぴり恥ずかしいなと思ったり、もしくは声をかけるのをやめたり、最悪の場合、見つからないようにコソコソと立ち去ってしまうのではないでしょうか？

人と話すのも話さないのも自分の勝手だろうと思われるかもしれません。ていうか僕も、休日は誰とも喋らないようにする派なので、そのお気持ちはすごくわかります…。

ただ、その日バッタリ道で出会うのが、もしもあなたの生活に何かしら影響を与える人だったら？　あなたの人生を変えるきっかけをもたらしてくれる人だったら？　あなたは髪を整えていないというだけで、みすみすチャンスを逃してしまうことになります。

毎日、誰にでもチャンスが来るなんてことはあまりないということに、皆さんも薄々気付いているかと思います。その機会を逃さないためなにも、髪は重要になってくるのです。

また、「チャンスを逃さない」という「守り」のスタンスだけではなく、髪をはじめ容姿を整えることによって、自分に自信が湧いてきて、いつもの自分とはちょっぴり変われたりすることもあるでしょう。

髪を切って、自分に自信が湧いてからの毎日は、いつもよりシャキっと仕事をこなせたり、好きな人の目をちゃんと見て話ができるはずです。

それは「チャンスを逃さない」という受動的な「守り」のスタンスではなく、能動的に自らチャンスを掴みにいく「攻め」のスタンスだと思います。

本書をお読みになっていただくあなたには、読み終わったあと、ないしは、髪を切り整えたあとにぜひとも「攻め」のスタイルでチャンスを掴みにいって欲しいです。

チャンスをものにできるかどうかは、もちろん容姿だけではありませんが、**きちんと整えた髪はきっとあなたの強い味方になってくれることでしょう。**

- **人は無意識にビジュアルで他人を分類している**
- **身だしなみが原因でチャンスを逃さないようにしよう**
- **髪はあなたの強い味方**

Tips 02

あなたの第一印象は髪が決めている

髪を制する者は視覚を制する

あなたは今、どのような社会の中で生活していますでしょうか？

あなたが学生だとします。新しい学年になりクラス替え、そこで隣の席の人とは初対面。「これからよろしく」と軽い挨拶程度に話しかけるとき、あなたはまず相手のどこを見ますか？

あなたが会社員だとします。クライアントとの打ち合わせ、挨拶をしながら名刺交換。そのときあなたは相手のどこを見ているでしょうか？

おそらく、**あなたは相手の顔を見るようにしている**でしょう。

もしもあなたが自分に自信がなくて、相手の顔を見られない……そんな場合でも、相手はきっとあなたの顔をまず見ているかと思います。

第一印象はまず顔から。

その重要な顔の雰囲気を形作っている大きな要素として髪があります。

実は、**あなたのビジュアルの印象を大きく決めているのは、顔ではなく髪**なのです。


「初頭効果」という言葉があります。

人は最初に示された特性が記憶に残りやすく、その印象が後々の人物評価に大きな影響を与えるというものです。


出会ってから数秒で決まってしまうとされる第一印象。

その数秒で後々の人間関係が失敗してしまうのは、とてももったいないことだと思いませんか？

さらに、採用試験やＳＮＳのアイコンなど、自身の顔が一人歩きして他人の目に入るケースもあります。対面であれば態度や言葉でフォローできる部分も、一人歩きした第一印象だとますますビジュアルが重要になってきます。

はるか昔からある学問の一つに、観相学という学問があります。その人がどのような性格か、どのような個性や適性があるのかを顔から判断するといった学問です。顔だけでそんなことまで決めるのか……と、ルックス至上主義な感じがするかもしれません。しかも、顔を見ただけでそんなことまで本当にわかるの？　と思われるかもしれません。

……そうですよね、正直に言うと僕も同意見です。正確に言うと、僕は観相学に詳しいわけでもないので、このことについて肯定も否定もできないです。ただ一つ言えることは、人の容貌で性格や適正を推し量る学問がはるか昔から存在していて、それは度々世の中の人の関心を得ているという事実です。

つまり、みんな人間の容姿に関してとても興味があり、それはほぼ本能的なものとまで言えるぐらい、数々の社会に浸透している感覚なのです。

じゃあ、重要なのは顔ってこと？

ある意味それは正解であり、間違いでもあります。

顔はもちろん重要ですが、その顔の印象を決めているのは髪なのです。

例えば、初対面の人がいるとします。その人の髪型はどのような感じでしょう？

前髪は上げていて全体的に短いスタイリングだと、その人は外交的で明るい人なのかなと思うでしょう。カチッと7：3の割合で前髪を分けつつアップにしている人は、真面目な人なのかなと思うでしょう。全体的に長く、毛先を遊ばせている人は、外交的でありながらも、明るくテンションが高いイメージを持たれるかと思います。

そう、**周りの人たちの性格は髪から決められている**のです。

- ☑ 人は相手の目元を見て会話する
- ☑ 雰囲気の決め手は顔ではなく髪
- ☑ 他人の性格の分類は髪から決められている

Tips 03

「前髪」と「眉毛」で印象の8割は決まる

印象を左右する目元の重要性

他人と会話するときは、意識的にでも無意識にでも、相手の目元を見て話している——。先ほどはそう述べました。相手の目元というのは具体的にどこなのか？

ずばり、ここで重要な目元とは、前髪と眉毛のことになります。

第一印象は出会ってすぐの視覚情報で決まってしまうので、言ってしまえば、**「前髪と眉毛で印象が8割決まる」**ということになります。

もちろん、ヘアスタイルを整えるということは、前髪と眉毛だけ整えればいい……というわけではありません。しかし、前髪と眉毛によって形成される目元の印象というのは、本当に重要なのです。
あなたがもし、暗い性格から明るい性格になりたいと思っていたら。
もしくは、親しみやすく明るい印象を周りに持って欲しいと思っていたら。

まずは、前髪と眉毛に意識を向けてみましょう。

例えば、前髪を上げる髪型にすることで爽やかな印象を相手に与えることができます。また、眉毛を太めにして眉尻を上げると力強い印象を表情に持たせることができます。

前髪の上げ下げだけでも、ずいぶん印象は変わってくるのです。

また、前髪を上げると見えてくるものに眉毛があります。

人は相手の目元を見て話すので、眉毛は確実に視界に入ってきてしまいます。髪をバッチリ整えていても、眉毛がボサボサだとそれだけで全体の印象が野暮ったくなってしまうのです。

美容院やカットのメニューによっては、眉毛のケアまでしてくれない場合は結構あります。

そんなときは、自宅に帰ってからでいいので、一度鏡の前で自分の眉毛を手入れしてみてください。

せっかく美容院で髪をバッチリ切ったのに、眉毛まで気が回っていない方が結構な割合でいらっしゃいます。そのような人を街で目にすると、もったいないなぁ…とすごく惜しい気持ちになってしまうのです。

今までそんなに眉毛を気にしてこなかった方は、ぜひ今後は眉毛も整えるようにしてみてください。髪を切るペースと同じぐらいでいいので、眉毛にも気を使うようにすると、それだけであなたの印象がスマートになります。

では、具体的にどのように前髪と眉毛を変えていくか。

前髪はとりあえずアップにしておけばいいの？
眉毛はとりあえず細くしておけばいいの？

決してそんなことはありません。
下ろした前髪がいけないわけではないのです。下ろした前髪には下ろした前髪の、上げた前髪には上げた前髪のそれぞれのビジュアルの効果があります。**前髪をどうするか、眉毛をどう整えるかによって、あなたの持つ雰囲気はコントロールできます。**

自分自身のイメージは、自分で変えることができるのです。

その具体的な方法を、本書の後半に書いています。

まずは、「目元の印象」はとても重要だということを念頭に置いておいてください。

後ほど詳しく、イメージを変える具体的な方法を説明できればと思います。

- ☑ 目元の印象は第一印象に直結している
- ☑ 前髪の上げ下げでイメージのコントロールができる
- ☑ 髪を切ったら眉毛も手入れしてみよう

Tips 04

髪はあなたの人生を切り拓く武器

手に取る武器はあなた次第

髪が人生においていかに重要かを説明してきましたが、「じゃあ、とりあえず美容院に行って髪を切ればいいや〜」——ということが言いたかったのではありません。

まず意識して欲しいのが、「髪型によって周りに与える印象が変わる」ということは、今の**あなたの髪型が自身の生活や性格にマッチした髪型ではないこともしばしばある**ということです。

髪型が自分のイメージに合っていない——というのは、それほど問題ではないですが(自身のイメージを変えるため、あえて髪型を自分の性格とは対照的にすることもあるので)、きっとどんな人にも理想とする自分のイメージ、周りに与えたい印象というものが大なり小なりあると思います。

しかし、「自分が理想とする髪型なんて、具体的にどんなイメージかわからない…」。

「とりあえず美容師さんがオススメする髪型にしてみよう！」

そんな感じでなんとなく髪を切る経験、皆さんにもあるかと思います。

しかし、それはとてももったいないことなのです。

髪は自分のイメージを変えるきっかけになってくれます。

人生をＲＰＧゲームに例えるなら、髪はあなたの生活を変えるアイテム。人生という冒険を切り拓く武器にもなるでしょう。髪は多くの人が最初から持つことのできるアイテムです。しかし残念ながら、それぞれ所持できる数は決まっています。

髪というアイテムは、ひとり一つしか持てない唯一無二の武器です。

もちろん、ヘアスタイルは基本、いつでも簡単に変えることができます。しかし、皆さんの頭はたった一つ。つまり、常に装備できる武器＝髪型も、ひとりにつき一つだけ、だから唯一無二の武器なのです。

その唯一の武器を、「なんとなく」で決めてしまうのはとてももったいないと思いませんか？

その武器を手に入れるために、あなたはまず美容院で4～5千円、または1万円以上のお金を支払うはずです。その後、自宅に帰って自分でセットするときにも、手間というコストはかかっています。

どうせ髪を切るのだったら、その効果を最大限有効活用したくはありませんか？

では、具体的にどうすればいいのか——。
正直、どの髪型が自分に合っていて、かつ有効活用できているかなんてなかなかわからないですよね？

そんなときは、まず自分の身の周りを眺めてみてください。
あなたの生活のどこかにヒントはあるはずです。

例えば、あなたが大学を卒業して、とある会社に就職したとします。これまでは自分の内面を理解してくれる、よき友人に囲まれた環境でした。周りは理解者ばかりで、きっとキラキラ輝いた青春の日々を送っていたことでしょう。

しかし、新境地はそうとも限りません。もしかしたら、いい人ばかりで恵まれた環境かもしれませんが、そんな幸運は、誰しもが平等に手に入れることはきっとできないでしょう。中には、とっつきにくい人や、気難しい人がいるなんてことが往々にしてあると思います。

そんな人たちと初めて顔を合わすとき、あなたの髪型が襟足を伸ばしたウルフスタイルだったら周りにどう映るでしょう？

年配でヘアスタイルにもあまり興味のない上司がいたら、「生意気なやつだな…」と思われてしまうかもしれません。

または、前髪が目元を覆い隠すほど長かったらどうでしょう？

「暗いやつだな…」とか「何考えているかわからないな…」と思われて、やさしい先輩たちにも話しかけられないかもしれません。

じゃあ、もしあなたの髪型が爽やかで、目元や耳周りもスッキリ出ているスタイルだったらどうでしょうか？

気難しい年配の上司がいたとしても、変に目を付けられることも減るでしょう。やさしい先輩たちも、爽やかな新入社員が入ってきたと思って、きっと気にかけてくれることだと思います。

そう、髪は人生を切り拓く武器。

人生という冒険を続けるあなたにとって、やさしい先輩と仲良くなるきっかけを掴み取る「剣」にもなり、気難しい上司からあなたを守ってくれる「盾」にもなるのです。

今日、あなたが置かれている環境はどんなところでしょうか？
明日、あなたが向かう先には何があるでしょうか？

あなたが学生なら同級生やクラスメート、あなたが会社員なら同僚や上司、さらにはプライベートの友人や恋人、家族もいることでしょう。

ネットでパパッと美容院を予約してテキトーに髪を切ってしまう前に、あなたの身の回りの環境や、日々の生活を一度立ち止まって、ゆっくり見つめてみてください。

- ☑ 自分の生活から必要な髪型がわかる
- ☑ 髪型はチャンスを掴み取るきっかけになる
- ☑ 髪型は危機回避のための予防線になる

Tips 05

菱形の法則で
スタイリングはキマる

シルエットは美しい髪型の絶対条件

あなたの髪型を客観的に見てみるときに、絶対にチェックしておきたいポイントの一つとして、**「シルエットがしっかり整っているかどうか」**という点が挙げられます。このポイントさえ押さえておけば、あなたの髪型のクオリティは総合的に底上げされるでしょう。

例え、前髪がクセでねじれていようが、襟足が極端に長かろうが、シルエットさえ整えていれば、ある程度は綺麗に見えるのです。逆に、美しい髪型は例外なくシルエットがしっかりと整えられているとも言えます。

では、その整ったシルエットとは何なのか？

シルエットと言っても、髪型によってそれぞれ全然違うものになるはずです。そう考える読者の方もいらっしゃるかと思います。

もちろん、その考え方も正解です。ショートやロングという違いだけでも、シルエットは変わってきますからね。ただ、そんなシルエットの整え方にもセオリーがあります。このセオリーさえ頭に入れておけば、髪型を美しくキメる法則を知っているも同然と言えます。

シルエットの王道は菱形

世の中には様々な髪型があり、その髪型の種類の多さに比例してシルエットも多くの形があります。しかし、そんな多数の髪型の中にも、王道とも言えるシルエットのセオリーが存在します。

その王道のシルエットとは「菱形」です。

自分でスタイリングをする際に、まず目指しておきたいシルエットとして、この「菱形シルエット」が挙げられます。

この「菱形シルエット」こそ、昔からヘアスタイルの黄金比とされてきました。

シルエット自体が菱形というメリハリのある形なので、骨格や髪型に左右されない力強さがあります。そのため、お客様の中には菱形のシルエットになるようオーダーされる方もいらっしゃいます。なぜなら、**顔の骨格のコンプレックスをカモフラージュする場合にも活用できるシルエット**だからです。

モード系な髪型など、あまり菱形のシルエットが適用されない場合もありますが、基本的にはこの黄金比を目指してスタイリングしてみるといいでしょう。

「菱形の法則」で髪を整える

それでは、「菱形シルエット」にするためのコツを、具体的に説明していきます。

①ハチ周りのボリュームは抑える

ハチとは、頭のトップとサイドの間に位置する部分になります。頭の中で最も出っ張った、ハチマキを巻く部分です。

日本人の多くは、このハチが出ている骨格とされています。この部分が大きくなると、必然的に頭全体が大きく見えてしまい、全体が丸く、野暮ったい印象になってしまいます。そう見えてしまうことを避けるため、まずはハチ周りを抑えましょう。

②バックのボリュームはしっかり出す

ハチのボリュームを抑えた分、頭の後ろ側のボリュームはしっかり出すようにしましょう。特に「絶壁」と言われる頭の形の人は、バックの部分に気を付けてスタイリングするといいでしょう。バックの上の方にうまく

ボリュームを出すことができれば、前後左右どこから見ても頭の形がバランスよくなります。

③トップの高さをしっかり保つ

トップとはその名の通り、頭の一番上の部分です。この部分を使って、菱形シルエットの「頂点」を作ってあげましょう。ここにしっかりと高さを出して頂点を作ることによって、シルエットが締まって見えます。逆にトップの高さが保たれずに頂点が定まっていないと、シルエットもぼやけてしまいます。

基本的には以上の3点を押さえておけば基本はバッチリです。トップに高さを出して、サイド及び顔周りは抑える。そして、襟足は外にハネさせるか、首に沿わせることで、全体の印象がかなり締まって見えてきます。

また、**シルエットにメリハリを付けることも重要**です。抑えるところは抑える、ボリュームを出すところは出すということを念頭に、シルエットを作るようにしましょう。

そのためにも**菱形の頂点がどこなのかハッキリわかるようにすれば、シルエットは引き締まったものになります**し、輪郭がぼやけていないので、髪を見たときの視点がハッキリ定まります。

髪型を正面から見たときも横から見たときも、シルエットが菱形になるようにできればベストです。どこから見ても綺麗なシルエットになりますので、髪型がどのようなものであれスマートな印象になるでしょう。

「どこから見ても綺麗な髪型なんてハードル高そう……」と思うかもしれませんが、ここで説明した三つのコツさえ押さえておけば全く難しいことではないと思います。

また、周りの印象をよくするには必須のポイントとも言えるので、まずはこの「菱形の法則」をしっかり自分のものにしてみてください。ここからが一段上の髪型を目指すスタートラインであり、「菱形の法則」を完璧に自分のものにすることがゴールの一つです。

☑ 髪型はまずはシルエットを整える
☑ シルエットの王道は菱形
☑ メリハリをつけたシルエットを目指そう

Chapter 02

なんとなく
髪を切らないために

髪を切る前に知っておきたいスタイリングの常識

Tips 01

もう迷わない！美容院＆美容師の探し方

美容院の探し方

僕は自分のお客様に、以前はなぜそこの美容室に通っていたか理由を聞くようにしています。そこで返ってくる答えは「家から近いから」というものが大半です。その答えを聞いて、僕は美容師として、少し寂しいような悔しいような気持ちになったりします。

もちろん、「通いやすさ」も美容院選びの重要な一つの条件です。

しかしせっかくなのでここで知って欲しいのは、**「美容院や美容師によって得意なスタイルは違う」**ということです。

そもそも、美容院は「レディースが得意な美容院」「メンズが得意な美容院」と大きく二つに分けられます。

また、その中で「メンズが得意な美容院」だけを見てみても、「ビジネスマン向けの髪型が得意な美容院」「若い層向けの髪型が得意な美容院」「パーマが得意な美容院」など、それぞれ得意なジャンルがあります。

その中で「家の近くだから」という理由だけで選んだその美容院は、果たして何が得意な美容院なのでしょうか？

おそらく、距離だけで選んだお客様の中には、ハッキリとした答えを持つ方は少ないでしょう。

では、「距離」以外に何を手がかりに美容院を選べばいいのか？

まず、**一つの判断基準になるのが「地域と人」**です。

例えば東京都内で言うと、渋谷だったら年齢層は若めでショートやミディアムの髪型が多い傾向があります。青山・表参道はナチュラルな髪型や大人っぽい落ち着いた髪型が多いです。また、原宿だとマッシュスタイルや奇抜な髪型、最近だとバーバースタイルのようなすこしレトロで男っぽい髪型などを得意とする美容院も比較的多いでしょう。

これらの情報は僕が美容師だから知っているのではありません。誰でも簡単に知ることができる情報です。

これらの情報を知るコツは**「その美容院がある地域の人が、どんな髪型やファッションをしているか」**ということをチェックすることです。

その地域にいる人たちの嗜好は、髪型やファッションなどに大きく現れます。すると必然的に、その土地の美容院もその嗜好に引っ張られます。飲食店にその土地の色がでるのと同様のことが美容院にも起こるのです。

また、その地域で働く美容師も、日常的に同系統のスタイルを見たり切ったりすることが多くなるので、必然的にお客様とのイメージの共有もしやすくなります。

もしも自分の理想のスタイルがすでに決まっていたら、その理想のイメージと似たファッションや髪型を多く見かける地域で美容院を探してみるといいでしょう。

次に確認して欲しいのが美容院の「スタイル見本」です。

今はネットでその美容院の情報を簡単に調べることができます。そこに掲載されている「スタイル見本」は絶対に確認しましょう。得意とする髪型の見本が比較的多く掲載される傾向があるので、**自分の理想とする髪型と似たスタイルの写真が多ければ、あなたにとってそこは適した美容院である可能性が高い**です。

美容師の見極め方

「美容院を選べばもう何も悩まなくていい」となればラクですが、なかなかそうはいかないですよね。そう、美容院は個人でやってるお店もありますが、複数の美容師が在籍していることも多いです。気になる美容院を見つけたあとは、そのお店の中から美容師を決めなければいけません。しかし美容師も千差万別。どの人に切って貰えばいいかわからないことが多いでしょう。

そんな中で、自分に合った美容師を探すコツが一つあります。
それは**「ＳＮＳを活用する」**という方法です。

最近はInstagramやTwitterなどのＳＮＳに、個人のアカウントでスタイル見本をアップしている美容師がたくさんいます。

美容系のＷｅｂサイトよりもスタイル見本は充実している場合が多いので、これを使わない手はないです。

例えば検索ワードを「メンズカット＋希望スタイル（ショートやウルフスタイル）＋地名」などで調べると、美容師のアカウントと一緒にスタイル見本がたくさん出てきます。その中で一番カッコいいと思う髪型、もしくはこうなりたいと思う画像や動画をアップしている美容師を選んでみましょう。

また、**アカウントによってはその美容師の人柄もわかったりします。**カットのスキルだけでなく、「会話の趣味が合う」もしくは「黙って切ってくれそう」など、人柄の部分も美容師選びの重要な要素です。それらの要素は実際に足を運ばなければわからないことも多いですが、ＳＮＳをうまく活用すれば事前に知ることもできるのでオススメです。

これらの手順をいつもの美容院・美容師探しに加えてみませんか？「家から近いから」という条件も重要ですが、1駅分の電車賃と時間を――今よりもあと少しだけの手間をカットにかけてあげるだけで、新しい自分が見つかるかもと思うとワクワクしてこないでしょうか？カットしたあと仕上がりに満足して晴れやかな気分になれば、いつもよりすこし長い帰り道もあっという間ではないでしょうか？

あなたを満足させてくれる素敵な美容師が、このいくつかの方法で見つかることを願っています！

- ☑ 美容院も美容師も得意ジャンルは千差万別
- ☑ 美容院は地域と人からの影響を受けている
- ☑ SNSは美容師探しに効果的

Tips 02

美容師への失敗しないオーダー方法

失敗しないオーダー方法

美容師への髪型のオーダー、苦手な人も多いのではないでしょうか？
芸能人の写真を見せたりするのは小っ恥ずかしいし、自分のルックスに自信のない人はあれこれ注文するのも気が引ける…、なんてご意見をよくいただきます。

しかし現実は、美容師はそんなこと何も気にしていないです。
それよりも、特にオーダーがなかったお客様の髪型をどうするか？ どうすれば満足していただけるか？ 逆にどんな髪型にしてしまったらクレームが入ってしまうのか…？ そんなことで頭はいっぱいです。

美容師はとにかくお客様に満足していただこうと、その人に合った髪型は何なのか必死に思索したりヒアリングしています。しかし、いくら考えても結局は美容師とお客様は別々の人間。それぞれの美的感覚も感性も違うので、美容師が思う正解がお客様の正解と違うことも残念ながらよくあることです。

そんな中で、失敗を最小限に抑える方法が**「写真を見せる」というオーダー**のやり方です。

「いやそれ、冒頭で恥ずかしいって言ったじゃん」と思うでしょう。その気持ちもすごくわかります。しかし、これが一番失敗の少ない方法ではあります。

とにかく、カットの前に重要になってくるのが**美容師とお客様の「イメージの共有」**です。

お客様のイメージする髪型を写真で提示するのが一番いいですが、イマイチしっくりくる写真がない、コレと言って希望はないという場合でも写真は有効です。一つでも写真があれば、それよりも前髪は短いか長いか、サイドはその写真より短いか長いかなどのイメージの具体的な共有ができるからです。

お客様がイメージを持参していない場合は、美容院にヘアカタログがあるのでそれを使って相談すればＯＫです。ただ、中にはヘアカタログから選んでいる時間が気まずいという方もいるので、そういう場合は事前に写真を持参するとスムーズですね。

最近ではＳＮＳから芸能人ではなく一般人の写真を保存して持参される方も多くいらっしゃいます。また、芸能人の写真１枚だけだと理想が一択しかなくて恥ずかしいという方で、イメージに近い写真をいくつかお持ちいただいたパターンもありました。

人間ですから、言葉だけではなかなか全てのイメージを共有することは難しいです。お互いのイメージが髪の長さ1センチでもズレてしまうと、かなり違った仕上がりになってしまいます。

それほど、髪型というのは細かいディテールの再現に関してシビアなものなのです。

具体的なイメージがない場合

写真を持参する程の具体的なイメージや、写真を手配する時間がないという方に実践していただきたいコツは、オーダーの際に何か一つでも**「形容詞を伝える」**ことです。

例えば「爽やかに」「男らしく」「知的に」などなど、ざっくりとでいいので形容詞でイメージを伝えてみましょう。

そうすれば美容師は、**あなたが手に入れたい形容詞（＝他人からのイメージ）を実現しようと、スタイリングの手順を組み立てていきます。**

もしくは形容詞じゃなくても、「仕事がデキる風になりたい」「女の子からモテたい」など、**具体的な理想のイメージを伝える**のも大歓迎です。本書でも後述しますが、身に付けたいイメージを髪で実現することは可能なので、ぜひお試しいただきたいコツの一つになります。

ちなみに、美容師に「おまかせ」とオーダーしてみるのもいいですが、その美容師によって得意なスタイルも違うので、もしかしたら美容師の理想とお客様の想像が違うかもしれません。

もちろん担当の美容師の得意スタイルがなんとなくわかってきたところでおまかせのオーダーをしてみるのはＯＫだと思います！

美容師が困ってしまうオーダーって…？

これは僕の体験談ですが、僕のSNSを見てご来店されたお客様から「ファイナルファンタジーのクラウドみたいな髪型にしてください！」というオーダーをいただいたことがあります。

僕は髪を切ることに関してはかなり真面目なので、お客様に一つ一つ確認していきました。

「あの髪型にするのにどれだけの髪の長さが必要になってくるか」「かなり明るめな金髪だが問題ないかどうか」「自分でセットするときに逆毛を立てる等の高度な技術が必要になるが大丈夫かどうか」など、様々な問題点を確認しました。

これらの問題点をお客様にお伝えしたところ、最終的にはオーソドックスなスタイルに落ち着きました。ただ、他のお客様でも漫画の主人公の髪型にしてくれというオーダーは時々あります。

もちろん、できないことは全くないです。

しかし、きっと次の日以降、毎日のセットが辛くなると思います。

やはり、**髪型は自分の生活の一部にできていないと意味がない**と思いますので、毎日自分でセットできるものが適していると言えます。

また、たまにいただくのが、時代や流行、お客様の生活にあまりにもマッチしていないオーダーです。

例えば、普通のサラリーマンなのにホストのような髪型にして欲しいというオーダーがあるとします。もちろん再現することはできるのですが、ホストはスーツを着てあのようなビジュアルで接客することが適しているとされる職業。なので、あのような髪型も生活に合ったものになっています。

ただ、ホストではない方が、同様の髪型にすると、その人の生活にあまりにもマッチしておらず、違和感が生まれてしまいます。

ご自身の生活とあまりにもマッチしないイメージの髪型は、なるべく控えた方がいいでしょう。その人のイメージと噛み合わない印象を周りに与えてしまいます。

また、「ブリーチをした明るい髪色なのにパーマをかけたい」というオーダーもあります。

これは何が問題なのかと言うと、ブリーチをしているのにパーマをかけてしまうと、髪が縮れて溶けてしまうのです。人によっては、ドライヤーをあてるだけで明るい髪はパラパラとちぎれ落ちることもあります。

つまり、**技術的に相反する条件のオーダーは、なるべく控える**ようしていただけると助かります。

ただ、技術面で何が相反するのかはお客様にとってはわからないことが多いと思いますので、美容師に直接相談してみましょう。きっとわかりやすく説明してくれると思うので、技術面のアドバイスはなるべく素直に聞いていただけると嬉しいですね。

ちなみに、髪色の指定も番号でされる方がいらっしゃいますが、美容院が使っている薬剤によって色が違うこともあるので、実際にお店で確認する方が確実です。

- ☑ **オーダーはイメージの共有が重要**
- ☑ **形容詞や理想のイメージを伝えよう**
- ☑ **髪型を自分の生活の一部にする**

Tips 03

髪型によって受ける印象は変わる

髪型によって周りの人に与える印象が変わってくると説明しましたが、それぞれの髪型がどのような印象を与えるか整理しましょう。自分の今の髪型がどのような印象を与えているか、髪を切る前に一度理解しておくことは、今の自分から変わるためにはとても重要です。

ショートスタイルが与える印象

ショートスタイルとは、「前髪は目にかからない」「サイドは耳にかからない」「襟足は襟にかからない」これらの条件が当てはまる髪型です。

ちなみに、これよりもさらに短いのがベリーショートスタイルになりますが、これはボウズまでも当てはまります。

ショートスタイルは爽やかな印象を与えることが多いです。

爽やかで清潔感のある印象のショートスタイルは、女の子受けもいいですね。明るく万人受けしやすいのが、ショートスタイルの魅力です。

ビジネスマンから学生まで、幅広い層に人気です。

ミディアムスタイルが与える印象

メンズのミディアムスタイルは、前髪が目にかかるか目より下ぐらいの長さで、サイドは耳の半分に髪がかかるぐらいの長さの髪型です。トップはショートに比べるとかなり遊びの効く長さがありますので、アレンジを入れるスタイルからオーソドックスなスタイルまで、慣れればいろいろなスタイルを楽しむことができる万能型です。

ミディアムスタイルは30代前半まではすごく楽しめる髪型ですが、スタイルによっては非常に若い印象が見受けられますので、年齢が上がるにつれてパーマをかけるなどのアレンジを加えて、髪型も一緒に大人になっていくことが重要です。

ミディアムスタイルは周りに与える印象の振り幅が一番大きいです。フェミニンな印象を持たせることもできますし、全体的に毛先を外にハネさせれば若々しく活発な印象を持たすこともできます。襟足を短くすれば爽やかな印象も付与できます。

ただ、あまり毛先に手を入れすぎるとチャラくて軽い印象にもなってしまいますので注意が必要です。

ロングスタイルが与える印象

ロングスタイルの人を見かけると、オシャレだなと思うことが多いと思います。しかし、この髪型は時として不潔にも見えてしまう諸刃の剣です。

手入れには時間がかかるし、かなり特徴的な人物に見られてしまうので、外回りの多いビジネスマンなどは避けた方が無難な髪型ですね。常に自分を持っていて、オシャレの軸がブレない人にオススメです。

ちなみに、僕も1年近くロングスタイルを経験していましたが、そのときは人生で一番女の子との出会いに恵まれない時代でした…。髪型がいかに重要なのか自分でもわかった1年間でした…。

ただ、個性的な印象を与えることもできますので、独特の感性を持っていることをアピールしたいときには有効です。芸術方面の仕事や、ファッション関係の仕事をしている人だと、ロングスタイルに説得力が出てきますしね。

- ☑ ショートは好印象を獲得できる髪型
- ☑ ミディアムは変幻自在な万能タイプ
- ☑ ロングは個性が際立つ上級者向け

Tips 04

美容院で
なんとなく髪を
切らないために

ここでは、ここまでのまとめとして美容院での基本的な流れを整理して、それぞれの段階で何が重要か解説できればと思います。

いつもなんとなく美容院に行ってなんとなく髪を切っている人は、美容院で押さえるべきポイントを意識してみましょう。

切る前に意識したいこと

美容院に行く前に、一度自分の中でなりたい髪型はどんなものなのか整理してみましょう。

特に何のイメージも持たず美容院に行ってしまうと、結局なんとなく美容師におまかせしてしまうことが多いと思います。それで成功する場合もありますが、自分自身がどんな髪型を必要としているか、どんなイメージを身に付ければいいのか一度考えてみましょう。

何もないところからはイメージやアイディアは浮かびません。ある程度の素材が頭の中の引き出しに入っていて、それをいろいろ組み合わせてイメージは作られます。**自分の置かれている生活環境、理想のビジュアルや性格、髪に関するコンプレックスなど、何か一つでもいいので、せっかく美容院に行くなら髪で理想を実現したり悩みを解決**してみましょう。

そのためにも、まずはご自身で髪型を事前にいくつか調べてみて、それを元に美容師と相談してみてください。いろいろ見ることによってイメージを掴んでいきましょう。

美容院に行ったときに

事前にある程度固めてきたイメージを、美容師に伝えてみましょう。どんな理想や悩みでも、美容師はプロとして真剣に取り組みます。

もし仮に、あなたの理想や悩みを笑う美容師がいれば、そんな美容院には二度と行かないようにして、また新しい出会いを探しましょう。

美容師に相談するとき、「こうして欲しい！」という要望があれば、切る前に何でも相談してみましょう。

とにかく**事前のイメージの擦り合わせが肝心**です。なるべくイメージは共有できるようにしましょう。

また、何かわからないことがあれば、それも事前に伝えてみてください。「こういうイメージにするには、どうすればいいかわからない」「セットしたことがないから髪を切ったあとが不安」など、何でも相談いただけたらそれは美容師が対応します。

また、切っている最中に気になる点があればどんどん仰ってくださ い。コロコロ意見やイメージが変わるのは困ってしまいますが、切り終わる前であれば調整は可能です。

お客様のイメージをカタチに変えるのが美容師の仕事です。遠慮せず何でも相談いただけることが、美容師として何より嬉しいですしね。

アフターケアについて

髪型の完成形が見えてきて、あとは美容師に任せておけばいいや……と思っていると、髪を切った翌日からセットが自分で上手くできずに苦労してしまいます。そうならないためにも、**美容院でセットしてもらうときに、どうしたら上手くセットできるかよく確認**しておきましょう。

使用したワックスやスプレーなど、どんなものを使ったかも確認してみることをオススメします。

もし、自分がそのスタイリング剤を持っていなかったり、どこに売っているかもわからなければ、その美容院でついでに買って帰ることも可能なことも多いです。気軽に聞いてみましょう。

そして、髪を切る次のタイミングですが、大体の人は1ヶ月から2ヶ月の期間を設けて切るといいと思います。ただ、髪型にもよるので担当の美容師に目安を聞いておくのもいいですね。僕の場合は、大体1ヶ月半を目安に来ていただくようにしています。中には自分は伸びるのが早い、もしくは遅いと感じる方もいるかと思いますが、1ヶ月で伸びる髪の毛の量は大体みんな同じです。人より早く伸びる気がするのは、頭の形やそのときの髪型が要因だったりします。

もう一つの目安として、**セットがしづらいなと思ったらそのときが切るタイミング**です。思うようにセットできない、仕上がりがイマイチだなと思ったら、美容院に足を運んでみましょう。

- ☑ **髪を切る前に何か一つでもイメージを持つ**
- ☑ **完成イメージの事前の共有を心がける**
- ☑ **自分でセットができて初めて髪型は完成する**

Tips 05

流行の髪型 似合わない髪型

流行は追うべきか否か

髪型やファッションは、常に形を変えて進化し続けています。すこしずつ形を変えながら、しかし今も昔も結局は同じ流行を繰り返しています。

例えば、10年前に流行ったウルフスタイル。頭頂部の毛髪を短めに、襟足にいくにつれ長めになっていくスタイルですが、再び流行になりつつあります。

このように、昔流行った髪型が再燃することはよくあることで、**その髪型が流行っている時期に同じ髪型を取り入れている人は、ファッションに敏感でオシャレに思われることも多い**かと思います。しかし、流行は巡るものなので、その髪型が微妙に古くなってきてしまうと、流行に遅れている人という印象を急に持たれてしまいますので注意しなければいけません。また、美容院に行ったとき「流行の髪型にしてください！」と簡単にオーダーするのもすこし考えなければいけません。

なぜなら、**流行の髪型が、あなたの生活にマッチしていたり、あなたが必要としているイメージと同じ髪型である保証はない**からです。ファッション性は高いけれど、ビジネスシーンには不向きな髪型だって、親しみにくい髪型だってたくさんあります。

また、流行を取り入れるということは、トレンドに敏感でファッションにもアンテナを張っていなければ不自然です。なので、髪型は流行りだけど服装が流行遅れになっていたりすると、その「中途半端な感じ」が逆にダサくなってしまいます。

流行を取り入れるときは、ある程度のトレンドに対する知識か、トレンドに乗る意欲があるときにしましょう。

また、**流行に流されずにブレない人気の髪型もあります。**ショートスタイルや束を多めに作ったスタイルなどがそうです。

流行も大事なのですが、自分に合った髪型であることが最優先されるべきなので、無理に流行りに乗ろうとせず、思い切ってやりたい髪型や、自分の生活にマッチする髪型を担当の美容師に相談してみることをオススメします。

似合う髪型と似合わない髪型

「私に似合う髪型はどんなのですか?」とお客様によく質問されます。

自分に似合う髪型がわからないというお客様が後を絶ちません。

もちろん、顔の形や髪質ごとに似合う髪型はもちろんあります。ですが、それはあくまでそういう例があるというだけです。

実際にお店に来てもらって、服装や雰囲気や骨格を見て僕は髪型を提案します。**似合う髪型や似合わない髪型は、あくまで教科書通りのやり方でしか提案できない**のです。同じ骨格の人がみんな同じ髪型なのもつまらないですよね？

教科書通りの似合う似合わないをまず理解することは自分を分析するためには大切ですが、それにとらわれすぎてしまうと気持ちが窮屈になってしまい、スタイリングを全く楽しめなくなってしまいます。

セオリー通りにやってみるのもほどほどに、まずはあなた個人の生活にマッチする髪型探しや、もっと言ってしまうとやりたい髪型に自由に挑戦してみると楽しいと思います。

やりたい髪型が特にないという人は、「これやりたい！」ではなく「これカッコいい！」で考えてみるのはいかがでしょうか？

さらに言えば、自分の今の髪型が似合っていないと思っていても、周りの人に「その髪型似合ってるね！」と言われてしまえば、結局自分の中でもそれが正解になることもあります。あまり気にし過ぎず、美容師に相談しながらいろいろチャレンジしてみましょう。

- ☑ 流行を取り入れればファッション性は高いと思われる
- ☑ トレンドを押さえる意欲がある場合は流行の髪型もアリ
- ☑ 髪型の似合う似合わないは気にし過ぎないように

Tips 06

セットを左右するスタイリング道具

セットの完成度はドライヤーで決まる

ドライヤーは髪の毛を乾かすだけのものではありません。

思い通りの髪型にセットするには必須のアイテムとなります。


髪の毛に動きを付けるときに重要なのは、**髪の毛を持っていきたい方向にドライヤーでクセを付けてあげる**こと。

スタイリングにはワックスさえあればいいのではなく、ワックスはあくまでドライヤーでセットしたあとの仕上げで付けるイメージです。

基本的には**「サイドを抑える」「ハチまわりを抑える」「トップにふわりと空気感をつくる」。**この3点さえ押さえておけばOK。

まず、サイドとハチ周りですが、ドライヤーを頭より上に構え、毛先を全体的に下に向けるように温風を当ててあげます。このとき、斜め後ろなどから風を当ててあげると毛の流れがキレイに仕上がるかと思います。

次にトップの空気感の作り方ですが、サイドやハチ周りとは対照的に、ボリュームを出すことを意識して髪を乾かしましょう。トップを持ち上げながら、根元に温風を当てて髪の毛を立ち上げてください。

こうして、横の広がりを抑えてトップに高さを出せば、スタイリングの基本的なシルエットは完成します。

スタイリングの幅を広げる

スタイリングの幅を広げるために、ヘアアイロンを使ってみてはいかがでしょう?

ヘアアイロンは髪の長い女性だけのものではありません。性別も髪の長さも関係なく、誰でも使うことができます。根元のクセをまっすぐにしてあげることによって、毛先の方向を自由に設定することができるのです。

例えば、クセによってS字になっている毛があるとします。そのままワックスをつけると狙った方向に毛先がいきません。そこで、根元をアイロンで伸ばして、毛先を自分の好きな方向に動かしてあげましょう。すると思った通りの動きになり、スタイリングによる自由度が増すでしょう。

ヘアアイロンは男性にはすこしハードルが高いかもしれません。

しかし、**カッコよくなるためにはいろいろと挑戦してみることが大切**です。ヘアアイロンなんて……みたいな考え方は捨ててしまって、自分にあったスタイリング道具を見つけてみてください。

- ☑ **セットの完成度を左右するのはドライヤー**
- ☑ **サイドとハチ周りは抑える。トップは立ち上げる。**
- ☑ **カッコよくなるためには挑戦が必要**

Tips 07

髪型は目標から逆算する

まずは目標を確認する

目標達成のために髪の毛を切ってみる――

これは決して過言ではありません。

ただ気合いを入れるだけとは違った、髪を切る意義が生まれます。

もし仮に、明日大事な商談があるとします。

しかし2ヶ月も美容院に行ってないから髪がボサボサ…。

これでは相手が受ける印象は最悪です。

しかし、商談の前にたった1時間の時間をかけてあげるだけで、商談相手にいい印象を与えることができます。

もしくは大事なデートを控えているのでしたら、デートの前に1時間だけ髪を整える時間をかけてあげる。

それだけで相手といい雰囲気になる確率が上がるでしょう。

そう考えると、髪を切ることは、成功への最も簡単な近道の一つではないでしょうか？

「内面を磨く」「相手の好みをリサーチする」「トーク力を磨く」など、物事を成功させるにはいろいろ大事なものがありますが、それらを差し置いても髪の毛を整えるということは、一番楽で、早く、なおかつ気分もリフレッシュさせることができるものだと思います。

そのためにはどのように髪を切ればいいのか…？

極論、それは深く考えなくても大丈夫です。

あなたが次にこなすべき物事——つまり直近の目標を、美容師に単純に伝えてみてください。

「仕事ができる感じにしてください」「人とコミュニケーションが取れる

ようになりたい」「なんかかっこよくして欲しい」「これからデートなんです」「女の子にモテるように切ってください」「友達の結婚式があるので来ました」「今日、合コンなんです」など、このように単純な内容を伝えるだけでいいです。

このようにオーダーする人は多いので、美容師は慣れています。ザックリとした相談だとどんな髪型になるか不安かもしれませんが、相談を受けたあと、美容師からスタイルを提示します。

まずは、髪型抜きであなたは何をしたいか？

そこから逆算して髪型を決めてみましょう。

☑ まずは直近の予定が何か確認する

☑ 目的に合わせて髪を切ってみる

☑ 美容師への相談は単純でＯＫ

Chapter 03

あなたの髪は
こう見えている！

自分の生活から、必要としている髪型はわかる

Tips 01

5W1Hで髪型は選べる

まずは自分の生活を見つめてみる

髪型を自分で決めることがなかなかできない人は一定数います。

ファッション的にも特にやりたい髪型がない、他人にこう見られたい、こういう印象を持たれたいということが特にない人は、美容師になりゆきで髪型を任せてしまうことが多いです。

しかし前述した通り、髪型は人生を切り拓く武器になります。その武器を適当に選んでしまうのは余りにももったいないです。

理想像や手に入れたいイメージが特にない人でも**「自分の生活にマッチした髪型」**というものは確実にあります。

理想像がなくても、せっかく髪を切るなら、自分の生活に適した髪型にしてみてはいかがでしょうか？

そのためにはまず**「自分の生活を見つめる」ということが、髪型イメージを固めるスタートライン**になります。

5W1Hで生活の要素を整理する

自分の生活を見つめるときには「5W1H」を意識してみてください。

「5W1H」とは、Who（誰が）When（いつ）、Where（どこで）、What（何を）、Why（なぜ）、How（どのように）を指し示す言葉です。

文章などを構成する際に、伝えたい情報の主旨を明確にして過不足なく相手に伝えるためのものです。

ここでの5W1Hは本来の意味とは少し違ってきますが、自分の生活にマッチした髪型を決める際にもとても有効です。

まずは、**自分の生活の軸となっているシチュエーションを5W1Hで**

整理します。


まずは、Ｗｈｏ（誰が）を考えます。

これはもちろん髪を持つあなたですが、ここでは誰と接することが多いかを考えてみてください。

職場の上司、学校の友達、気になる異性など、あなたの生活の中心にいる人の顔を思い浮かべてみてください。


次にＷｈｅｎ（いつ）とＷｈｅｒｅ（どこで）です。

いつ、どこのあなたが、今の生活の軸に当たるか考えてみましょう。

それは、あなたが家庭にいるときでしょうか？　もしくは友達と一緒に休日を過ごしているとき、会社で仕事に打ち込んでいるとき、学校の部活で汗を流しているときでしょうか？　いつどこのあなたが生活の中心になっているか一度意識して考えます。

そこであなたはＷｈａｔ（何を）していますか？

例えば、仕事はクライアントと話すことが多いですか？　それとも長時間デスクワークを行う仕事、もしくは体を動かす職場でしょうか？　いつどこでの次には、そこで何をしているかを思い返してみましょう。

Ｗｈｙ（なぜ）は、髪型について直結した問いかけになります。

あなたの生活を振り返ってみたところで、ここで髪型について考えてみましょう。

あなたはその生活環境でどうしてその髪型にしているのでしょうか？

ここで明確な理由がすぐに思い浮かぶ人は、その髪型はあなたに適していると言えるでしょう。逆に、特に理由が思い浮かばない人は、あなたにとって意義のある髪型にはなっていないでしょう。

Ｈｏｗ（どのように）を最後に考えます。

先ほどから例に挙げている仕事の場合なら、クライアントと話すときはどのように対応していますか？　なるべく元気よく明るい態度、もしくは知的な感じで冷静に接しているかもしれません。体を動かす職場ならどうでしょう。ジムなどで明るく爽やかに人と接している、もしくは工事現場で、ヘルメットを被って汗をいっぱいかいて働いていますでしょうか？

同じ環境でも、あなたがどのように振るまうかが重要です。

生活に必要な髪型を

あなたの生活の軸がなんなのか、うまく振り返れたでしょうか？

それでは具体的な例を挙げて必要な髪型を僕が考えてみます。

◆お客様Aの場合

Ｗｈｏ（誰が）……「私は」「クライアントと」

Ｗｈｅｎ（いつ）Ｗｈｅｒｅ（どこで）……「仕事中に取引先で」

Ｈｏｗ（どのように）……「知的な感じに見えるよう冷静に」

Ｗｈａｔ（何を）……「商談することが多い」

◆お客様Bの場合

Ｗｈｏ（誰が）……「私は」「学校の部活仲間と」

Ｗｈｅｎ（いつ）Ｗｈｅｒｅ（どこで）……「日中」「炎天下で」

Ｈｏｗ（どのように）……「汗をかきながら」

Ｗｈａｔ（何を）……「体を動かすことが多い」

これらの条件を整理すれば、Ｗｈｙ（なぜ）その髪型にすればいいのかが見つかります。

お客様Aの場合は、知的に見えるよう前髪は7：3で分けてアップするツーブロックなどはいかがでしょう？

お客様Bの場合は、髪の毛は短かめに、毛量も少なくしてなるべく涼しくなるように。さらに、整髪料が落ちてしまったときでも自然にキマるようなナチュラルなショートスタイルを提案してみます。

ここで振り返ったあなたの生活の5W1Hを、美容師にそのまま伝えてみてください。きっとあなたの生活にマッチした髪型がスムーズに見つかるはずです。

- ☑ 理想の髪型がなくても「生活に適した髪型」は存在する
- ☑ 生活環境の要素を振り返って整理する
- ☑ 生活の軸になっている5W1Hを美容師に直接伝える

Tips 02

理想のイメージを髪でつくり出す

今、あなたが身に付けたいと思っているイメージや、生活の悩みを髪型で解決する――。それができれば言うことなしだと思いますが、髪を切るだけで自己実現や悩みの解決を100%達成することは難しいでしょう。

しかし、髪を利用して自分の置かれている環境を改善したり、外見と同時に内面も変えることによって、**人生を好転させる一助にすることは可能です。**

前述の通り、自分の生活環境に適した髪型にすることが重要だと説明しましたが、ここではそんな自分の今の環境に満足していない――今の自分を変えたいと思っている方のために、具体的な実例をまとめました。

実例の中で自分の状況に似ているものがあれば、ぜひ参考にしてください。ただ、ここに載っているものだけが正解ということはありませんので、美容師に直接相談してみることをオススメします。

◆**自信をつけて人と話したい**

しっかり相手の目を見て話せることが前提になりますので、目がしっかり見える髪型を目指しましょう。

できれば前髪を上げてしまった方が爽やかに見えると思いますので、ショートスタイルがオススメです。

◆**休日はリラックスしたい**

仕事をしている時にはビシッとキメたいけれど、休日はゆるっとリラックスしたい…。

そんなときは、オンオフつけられるような髪型がいいですよね？

ここで重要な役割を果たしてくれるのが前髪です。

前髪を上げても下ろしても平気な髪型にしてみましょう。

どのようにアップにするかにもよりますが、髪は短い方が上げやすいか

と思います、

仕事の時はワックスなどでガッツリ上げて、休日はスタイリング剤をサッとつけるだけで前髪を下ろせるような髪型が理想的です。

全体的に髪が短ければ、セットにかかる時間も短縮できます。

◆年配の上司とうまくコミュニケーションを取りたい

あまりチャラい感じにならない方がベターですね。

上司とうまくいくような髪型というよりは、周りの人にマイナスな印象を与えない髪型が重要かと思います。不潔な髪型は無論ＮＧですが、オシャレにしていても、あまりにも独創的なイメージだと人を選んでしまいます。

なるべく、爽やかな髪型のほうが好印象を与えられますね。襟足は短く、サイドもなるべく短めにして、爽やかにするといいと思います。

また、上司が年配の方でしたら、バーバースタイルなどレトロな髪型も相手には馴染み深くていいと思います。

◆部下からできる男だと思われる

これは自分が上司や先輩のときの髪型ですね。

デキる男はなんだか風格も周りとは違って見えるものです。

ミディアムのパーマスタイルなどがいいのではないでしょうか。やわらかい雰囲気を出しながらも、醸し出される大人のオーラは、まさに頼れる上司や先輩のイメージです。

◆万人受けする髪型

すべての人に好印象を与えるというのはすごくハードルが高いですが、ショートスタイルなら可能かもしれません。

ショートの魅力はなんと言っても「爽やかな」ところ。

短いが故に、ミディアムスタイルなどと比べるとアレンジの幅は限られてしまいますが、アレンジがあまり入らないこそ、昔から誰しもがよく目にする定番ヘアだと思います。

「爽やか」だから嫌い……となる人はあまりいないでしょう。

ショートは敵を作らないスタイルだと思います。

ここで気を付けたいのが、ボウズはすこしやり過ぎになってしまうので、万人受けを狙うならNGだということ。ボウズまでいくと、威圧感を与えてしまう場合もありますので注意が必要です。

◆オタクに見られないために

僕もマンガやアニメが好きですし、世間のオタクへの理解や印象も昔に比べてすごく好意的になってはいます。しかし、どうしてもまだ「陰気」「内向的」などのマイナスイメージを持つ人が一定数います。

ネガティブなイメージは持たれない方が、すべての物事をこなす上で絶対的に有利です。オタクであるというよりは、「身なりに気を使っていない」と思われないようにすることを目的としましょう。

例えば、「前髪・襟足・トップ」が変に長いと、どうしても不潔で髪に無頓着なイメージになってしまいます。

然るべき位置に髪の毛の先端が降りてきていないと、髪を見たときに目線が散漫な状態になってしまいます。

毛量や髪の長さをバランスよく設定するようにカットすれば、ショートでもミディアムでも見栄えよく見えるはず。

あまりセットに慣れていないようでしたら、ショートにして前髪を分ける、もしくは上げてみることをオススメします。ネガティブなイメージとは正反対の親しみやすい外交的なイメージになるでしょう。

◆信頼感を髪でつくる方法

大事な話をするときには、相手の目をしっかりと見るようにすると思います。相手に自分の意思や考えがしっかりと伝わってこそ、信頼感は生まれます。

つまり、目元は明るくなければいけません。

「目元を隠す＝怪しい・胡散臭い・隠しごとがある」という印象を持たれてしまいますので、前髪をガッツリ上げることが無難です。サイドや襟足もまずは清潔感を重視して短めに設定しましょう。

- ☑ 髪がボサボサだと全てにおいてマイナスイメージ
- ☑ 目元を隠さないことがポジティブイメージの鉄則
- ☑ 状況ごとに髪型は使い分ける

Tips 03

髪質を知ってセットの方向性を決める

髪質を知り、髪型を決める

自分の髪質を知ることは、髪型やセットの方向性を決める上でとても重要な要素と言えます。ここではそれぞれの髪質を紹介するので、今後のスタイリングの目安としてもらえればと思います。

まず、**髪質をおおまかに分類すると、4種類に分けられます。**

・軟毛×直毛
・軟毛×クセっ毛
・剛毛×直毛
・剛毛×クセっ毛

つまり、軟毛か剛毛か？　直毛かクセっ毛か？

この二つの要素の掛け合わせの4種類です。

あなたの髪も絶対にこのどれかに分類されます。

◆軟毛×直毛の髪質に合う髪型

セットしやすく、美容師的にも切りやすい髪型かなと思います。

クセがなく真っ直ぐですが、柔らかい。

この髪質の方は目がかかるかかかからないかくらいの長さでパーマをかけて、ゆるふわな雰囲気を出すと非常に髪質とマッチすると思います。

柔らかい髪質の方はわりとパーマが長持ちしやすいので、髪型に飽きた時はパーマ落としなどで対処しましょう。

◆剛毛×直毛

この二つの性質を併せ持ったお客様をよく見ますが、この髪質の方は髪の毛が伸びると爆発したような感じになると思います。

この場合、髪を長く残してパーマを当てて、柔らかい雰囲気を出すより、ある程度短めにしてしまった方がスッキリします。前髪を上げられるくらいの長さを目安にして切るといいでしょう。

あとは、完全な直毛になるので、ヘアアイロンなどでゆるくカールをいれたりしてみてもいいですね。

◆軟毛×クセっ毛

外国人の髪質に近いものがありますので、クセを活かしてセットするもよし、アイロンで伸ばしてしまうのもよしです。色々試せると思います。ロングからショートまで、どれもバッチリ似合うので、一番オールマイティな髪質ですね。

ただ、クセが嫌という方も中にはいるかと思います。その場合は、ヘアアイロンで一時的に伸ばしてあげて、いつもと違う雰囲気に仕上げてみるのもいいですね。

◆**剛毛×クセっ毛**

この髪質には、頭を抱えてしまっている方も多い気がしますね。そう、この髪質はなかなか思うようにまとまってくれないんです。ヘアアイロンをかけてもすぐに取れてしまう…。

対策としては縮毛矯正をしちゃうのも一つの手ですが、若干根元の立ち上がりが弱いとセットしにくくなる場合があるのでご注意を。

余り短いと自分でアイロンなどをかけるのも難しいと思うので、ミディアムとショートの中間あたりの長さで切ると、自分でもセットしやすいかと思います。

☑ 髪質で髪型の方向性を決める

☑ 髪質は４パターンのどれかに当てはまる

☑ 髪質によってセットの向き不向きがある

Tips 04

顔の形を分析して外見の特性を知る

顔の形から似合う髪型を見つける

髪だけでなく自分の顔の特性も知ることによって、髪型を選ぶ際の参考にしてみましょう。

まず、顔の形は主に「卵型」「丸顔型」「逆三角型」「ベース型」「縦長型」以下の5つに分類できます。ここでは五つの顔の形の解説と、それぞれに似合う髪型を紹介していきます。

◆卵型

一番バランスのよい形が卵形です。縦横が均等に比率の取れた顔の長さになっていて、縦幅と横幅の比率が1：1の理想的なバランスです。

ちなみに、顔の縦幅は眉からアゴ先までの長さで、横幅は左右の頬骨の間の長さになります。

しっかり前髪を作り、トップにボリュームを出して、周りの人の目線と意識を上に向かせるといいでしょう。ただ、顔の比率がいいとは言え、サイドにボリュームを出してしまうとシルエットが膨らみ過ぎて野暮ったくなってしまうので要注意です。

また、しっかり顔まわりを作って小顔効果も狙っていきましょう

◆丸顔型

顔が横に広い形で、輪郭が丸くアゴに膨らみがあります。縦幅と横幅の比率は４：６になります。

体型によっては少々太って見られがちなのも丸顔型の特徴です。

この形の方の髪型はトップに長さを持たせて、前髪は下ろすといいでしょう。顔の横への広がりをカバーするために、髪型を縦長に見せるようにすることがマストです。

◆逆三角型

アゴがシュッとしているのが特徴。縦幅と横幅の比率は6：4になります。美人やイケメンと言われる人はこの顔の形であることが多いですね。アゴがシャープなため、おでこからハチにかけてすこし大きく見えてしまう可能性があります。なので、前髪を上げる髪型は要注意です。

前髪と顔まわりを少し長めに取った髪型にすると小顔効果が期待できます。

◆ベース型

名前の由来はホームベースの形から来ているのでベース型と呼ばれてい

ます。その名の通り、縦幅と横幅の比率は4・5：5・5になります。

この顔の形の方はお客様の中でもコンプレックスと思っている方が非常に多いです。骨格に基づく顔の形なので、そう易々と変えることはできませんが、そんな時こそ髪でカバーしてみましょう。

菱形のシルエットを特に意識した髪型にするのがオススメです。シルエットを菱形にすることによって全体のバランスが整いますので、骨格をうまく中和してくれます。さらに、前髪は目線の位置でザクザクに切ると、顔の各パーツの印象がうまくボヤけますのでぜひトライしてみてください。

◆縦長型

縦幅と横幅の比率は6：4です。知的で大人っぽい印象を持たれやすいな落ち着いた雰囲気を持つ顔の形です。似合う髪型も多いので、切りやすいと思う美容師も多いのではないでしょうか。

髪を切るときには、まず縦と横の比率を黄金比（6：4）にするために、横のボリュームを出すようにします。

そしてトップが短いと必然的に立ってしまいますので、少し長めにトップを持たせましょう。そして前髪は上げてしまうよりも下ろして周りの目線や意識を下に向かせるとバランスは完璧です。

以上、それぞれの顔の形にマッチした髪型を紹介しました。

ただ、一つ念頭に置いておいて欲しいのが、自分の理想とする髪型が顔の形とマッチしていないからといって、みすみす諦めることはしないで欲しいということです。それぞれの顔の形に合う髪型はたった一つではありませんし、顔の形に合わせて髪型は調整することが可能です。あくまで顔の形は、自分で髪型を決める際の一要素として確認してもらえれば幸いです。

- ☑ 顔の形は5つに分類される
- ☑ 顔の特性を活かして髪型を決めることもできる
- ☑ 理想の髪型があればまずはその気持ちを最優先

Tips 05

ビジネスも恋愛も髪型でうまく回り出す

ビジネスにおいて髪型の与える影響

僕のお客様には大きい企業から中小企業など、様々なビジネスシーンで活躍されている方が多くいらっしゃいます。

その中で、オーダーの内容や気にしている点などにはいくつかの傾向があることがわかりました。

まず、**好印象を持たれる髪型をオーダーする**ことが多いです。

前髪を上げておでこが見える髪型が特に人気です。

しっかりと目元が見えると表情が明るい印象になるので、皆さん仕事をする上ではかなり重要としている人が多い印象です。特に営業のお仕事をされてる方は目や眉毛はしっかり出すようにしていますね。

逆に**ビジネスシーンにおいてマイナスイメージを持たれてしまう髪型は、前髪が目元まである髪型。そしてそれにパーマがかかっている髪型です。**

これらの髪型で爽やかな印象を出すことはまず難しいですね。

目元が隠れていると全ての表情が見えず、暗く見えてしまいます。

ビジネスシーンにおいては、「好印象」「フレッシュ」「明るい」「親近感」などのワードを含むオーダーが多いです。

元々、目元を出していなかったお客様が髪型を明るい印象のものに変えた途端、クライアントの仕事がスムーズにいくようになったという感想をいただくことも多いです。

髪型を変えれば仕事がスムーズに回る。

これは僕が多くのお客様の髪を切って知った、大きな事実の一つです。

恋愛において髪型が与える影響

これは**自分にも相手にも影響が出ます。**

相手の好き嫌いによって髪型に対するリアクションが異なりますし、さらにその反応を見て自分のテンションにも影響が出ます。

髪を切ったあとも気合いが入りますので、デートに行く前やすこし大事な話をするときは美容院に行った方がいいでしょう。

毛先が整っているということは清潔感に直結しますので、バッサリ切らなくてもメンテナンス程度に行くのも大事なことです。

月に数回会う彼女がいるとします。もしくは今狙ってる子ですね。

その子のために月に一回、もしくはデート前に髪の毛を整えることができますか？

僕のカットだと6，450円。月にこの金額を払うのは、美容師に対してではなく、その子のために自己投資しているという意識であることが重要です。

髪型は恋愛においてもすごく重要です。

それこそルックスをよく見せる効果がありますし、自己投資の意識で髪を切る僕のお客様は、総じて女の子にモテる印象がありますね。

自己肯定感が強いかどうかという意識の差で、他人への対応が変わるからです。

自分なりのサイクルをつくる

「髪型を変えてから、自然と女の子にも話しかけられるようになりました。今までの僕は暗い人だなぁと思われていたみたいです。髪型を変えてみたら、身近なところからガラっと変わるんだなと実感しました」と非常に前向きな感想をいただいたこともありました。

髪型を変えると自分の印象が変わります。

そうすると相手の対応もいい方向に変わります。

結果、自己肯定感が生まれます。

ポジティブなサイクルができ上がれば、あとはこのサイクルに従って、定期的に髪のメンテナンスをすれば大丈夫です。

髪を変えれば、あなたの生活はきっと好転するでしょう。

- ☑ **ビジネスシーンでは「好印象」が重要ワード**
- ☑ **髪型の効果は自分にも相手にも影響する**
- ☑ **ポジティブなサイクルをつくれば人生が好転する**

Tips 06

コンプレックスと髪で向き合う

コンプレックスとの向き合い方

僕が普段カウンセリングをしてるときに一番多い相談が、自身のコンプレックスに関することです。

「クセっ毛」「おでこが広い」、中には「顔のルックスそのもの」にコンプレックスをお持ちの方もいます。「一重だから隠したい」なども、決して女性だけが抱える悩みではありません。

こうした悩みをいくつかの対策例と共に紹介していきましょう。

まず「クセっ毛」の方はヘアアイロンで伸ばしてクセ自体を弱くするなどの対処法があります。

もしくは、あえてパーマをかけて自分の狙った通りのクセをつけてしまう。パーマをかけると、周りもクセっ毛という認識ではなく「パーマをかけているんだな」となります。

あとは、縮毛矯正をかけて直毛にしてしまう方法などがありますね。「おでこが広い」ことに関しては、隠したいかどうかを担当の美容師に相談してみましょう。

隠したい方は、隠しながらカッコよくする方法はいくらでもあります。隠すような髪型にはしなくていいという方は、こちらからも積極的な提案ができたりもします。あえて短くする髪型の提案など、コンプレックスをあまり気にしていないということがわかれば、美容師も気を使わずもっと深いところで相談ができます。

ちなみに個人的なオススメの対処法としては、全体的に短くしながらも前髪を下ろして、毛先が眉上ぐらいにくるようにします。注意したいのが、眉上より前髪を短くすると頭が上に上に長く見えてしまいます。

全体的に短くすることによって、おでこの毛のボリュームだけ少ないことを目立たなくすることができます。

このように、一部分だけ毛量が少ない場合は、そこをあえて伸ばそうとするより、周りの毛もすいてみるなどして全体をあえて軽くすることが効果的です。

「一重」の方は、実際に大月がガッツリ一重なのですごく気持ちがわかります…。一重はどうしてもきつい目の印象になってしまう場合がありますので、髪のトップにボリュームを持たせるなどして、相手の目線をうまく誘導することで緩和できます。

「直毛」の方はコンプレックスがなさそうですが、完全なストレートへアだとセットのパターンが限られてしまう傾向にあります。どれも直線的な、ツンツン尖った印象のセットになってしまうのです（そのセットが悪いというわけではないです）。

ハリとコシがある髪質ですが、サイドにも真っ直ぐ毛が生えてきてしまうので、どうしても膨らんで見えてしまします。なので、サイドは常に短めに刈り上げたりしてボリュームを抑えるとスマートな雰囲気になります。

もしくは、パーマかけてしまうのも一つの手だと思います。

コンプレックスは隠しても隠さなくてもいい

コンプレックスは隠さずに、真っ向から向かい合って克服することができれば理想的です。

しかしそうは言っても、恥ずかしいから隠したいという人が間違っているわけではありません。

重要なのは、髪を切りに行って満足して帰ること。そのために必要なことが、**美容師とのコンプレックスについての深い相談**です。

コンプレックスを隠したいのかそれとも向き合って勝負にでるのか、まずは正直にご相談ください。一番よくないことが、コンプレックスを恥ずかしいと思いすぎて、そこについて悩んでいることを美容師にも言えないことです。その点をしっかり話せないと、美容師のカウンセリングもおそるおそる探りながら、お客様を傷つけないようにしながら……といった感じになってしまいます。

まずは、コンプレックスについて自分で向き合い、自身のコンプレックスをどうしたいのかを決めて、美容師に相談してみましょう。

- ☑ 自分のコンプレックスを再確認する
- ☑ コンプレックスを隠したいかどうか伝える
- ☑ 美容師には正直に相談する

Chapter 04

人生変わる！ Before / After実例集

劇的にイメージを変えるための具体的な方法

Style 01

とにかく今までの自分とイメージを変えてみたい！

初対面の人にはいつも暗い印象を持たれてしまう…。

人は中身が一番大事だと思うけれど外見も重要だってこともわかってる。

もし、見た目で損をしていることがあるのなら、髪型を変えてみれば何かが変わるかも――？

▶ MODEL DATA

さいぐささん（26歳）

音楽家
髪型は自由な職場なので、とにかく今までのイメージとは違う感じが希望。セットもなるべく簡単にできるような髪型にしたい。

▶ HAIR DATA

顔型	**丸顔**	**逆三角形**	面長	**卵型**	ベース型
硬さ	**柔らかい**	普通	硬い		
毛量	少ない	**普通**	多い		
クセ	なし	**弱い**	強い		

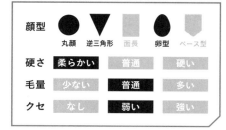

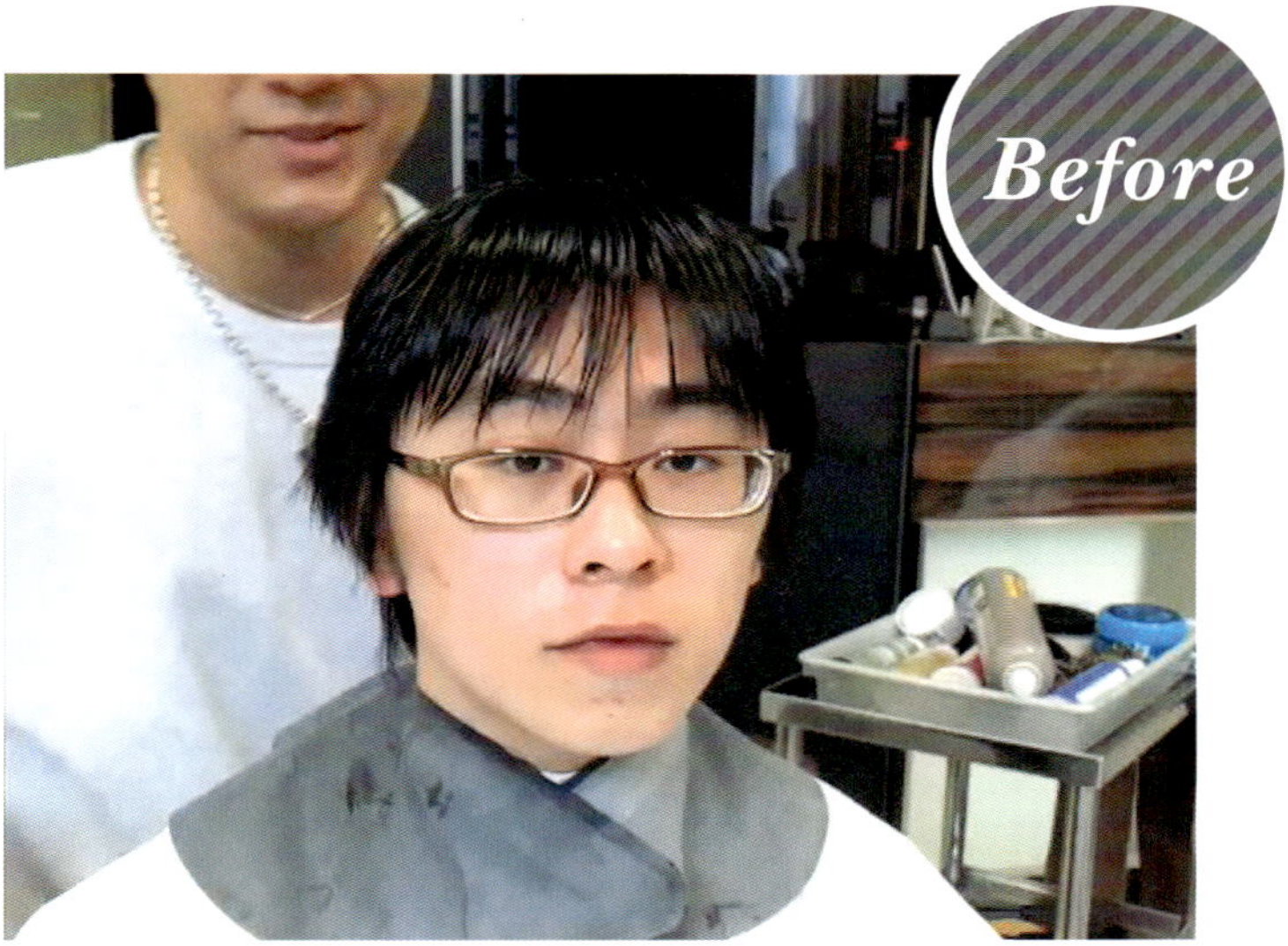

ココが気になる！

全体の印象としては、暗いイメージになってしまっていますね。髪型を見たとき、どこに視点を持ってきたらいいのか無意識にわかるといいのですが、この髪型ではそれが難しくなっています。

もみあげを中心に、サイドの髪の毛が長く、全体的に膨らんで見えてしまっています。もみあげが長いと、外にハネてしまうものですが、メガネをかけていると特にわかりやすく外に膨らんでしまいます。

また、前髪が長さに対して厚みがないので、すかすかに見えてしまっています。

After

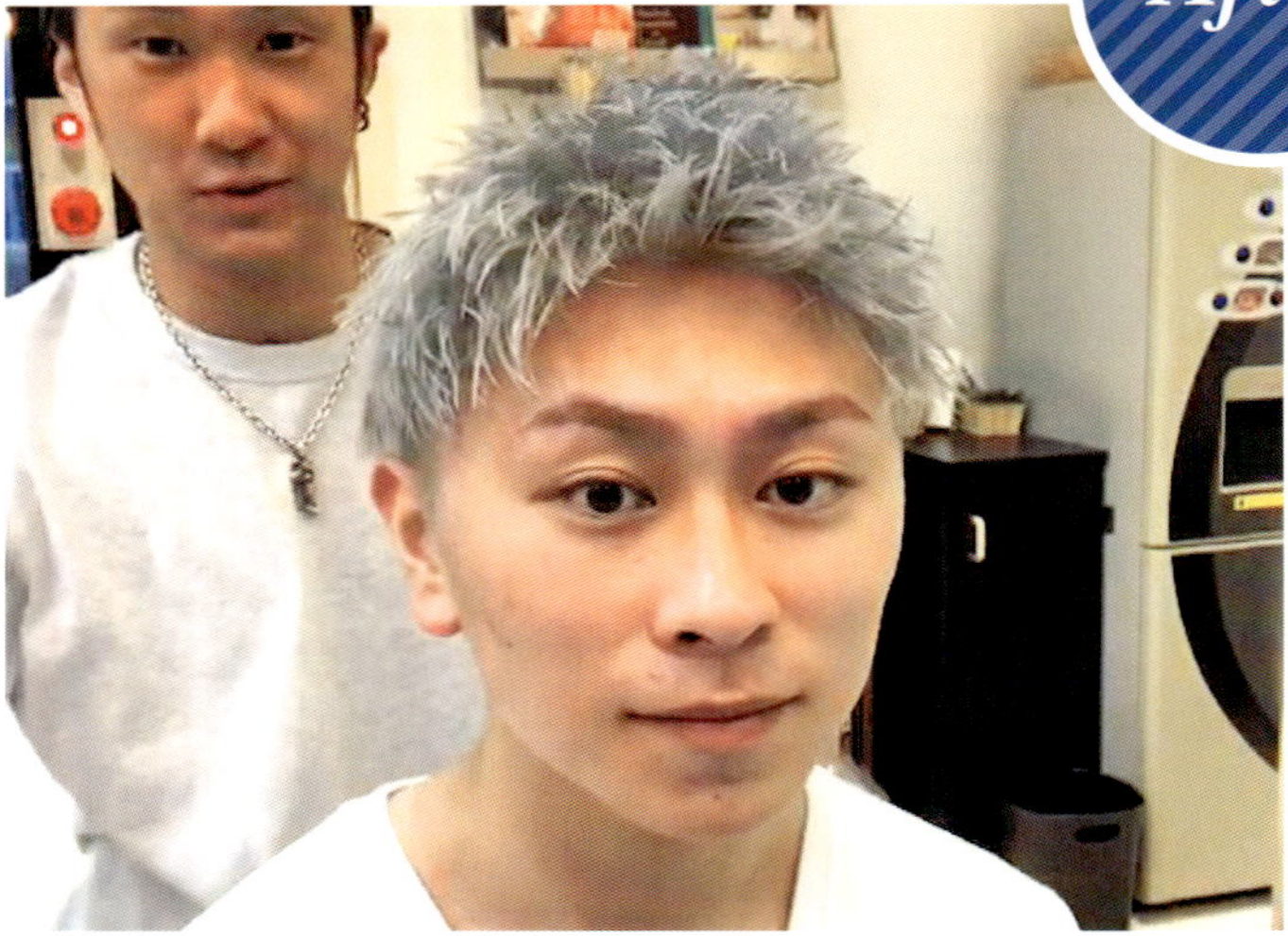

毛束で動きを与える、立体感抜群なカラーショート

トップはレイヤー（段差）になるようにカット。全体に動きと抜け感を出すために、根元から毛先まで毛量を調整しています。今までの暗いイメージとわかりやすく変えるために、ハイトーンのカラーを入れて、ガラリと印象を変えています。

こんな人にオススメ！

- □ 明るく活発なイメージを付けたい方
- □ コミュニケーション上手になりたい方
- □ イメージをガラッと変えたい方

まずは、もみあげをばっさり切りました。サイドを刈り込むことで顔周りがスッキリするので、メガネをかけた場合でも膨らむことはなくなります。

また、前髪をアップにできるぐらい短くしています（❶）。前髪やトップの毛の長さを短くしたので、自分でもスタイリングしやすい髪型になっています。襟足も刈り上げることによって、首元がすっきりして、後ろから見たときも爽やかな印象に見えます（❷）。

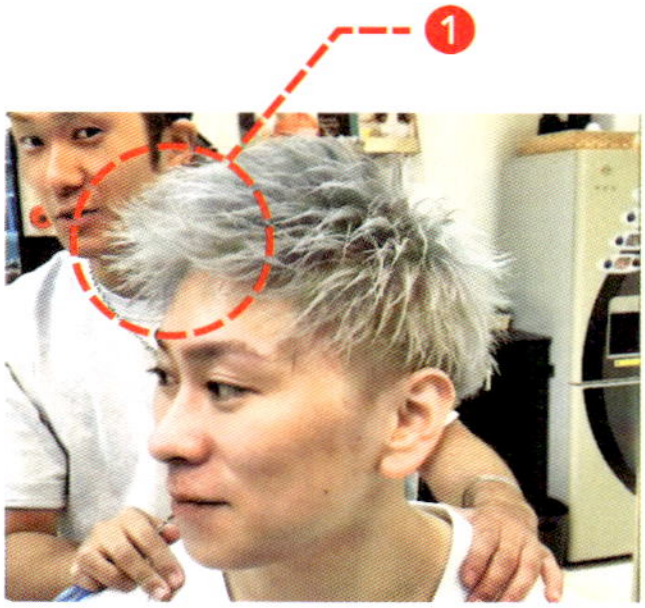

前髪の真ん中を立ち上げつつ、両サイドのボリュームは落とすことによって、小顔効果も生まれます。全体の毛の動きとしては、外ハネと内ハネを交互に入れることによって、ランダムな毛の流れになり、動きのある活発なイメージが生まれました。

カラーについては、肌の色が真っ白で、髪の色が真っ黒だと顔色が悪くみえてしまうこともあるので、それを中和させる働きを持たせています。

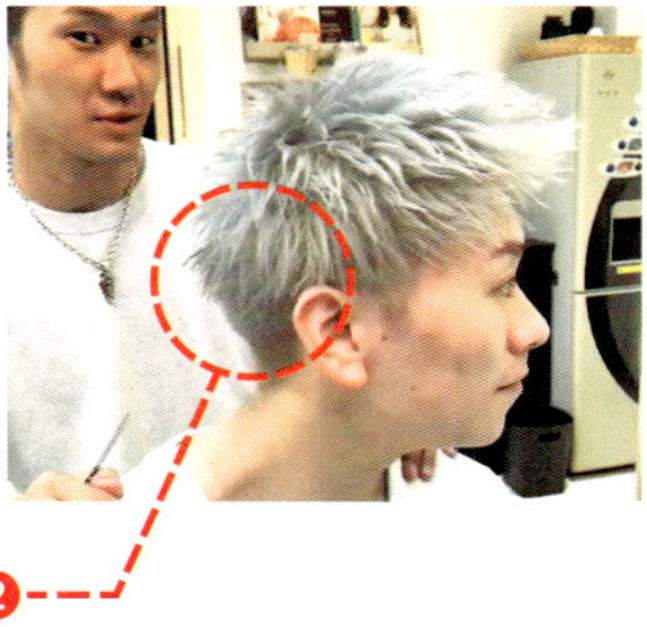

Style 02

親しみやすい髪型は笑顔が似合う爽やかスタイル

見た目でキツイ印象を持たれがち。もっと爽やかな髪型になったら、周囲の人との会話も弾むのかな——？

そんな風に考えることも最近多くなってきた。

魅力を引き出す髪型に出会えたら、コミュニケーションにも自信が持てそう！

▶ MODEL DATA

いちかずさん（20歳）

会社員

人と話すことも多い職場なので、話しかけやすい雰囲気にしたい。ビジネスマンっぽく爽やかで、なるべく遊びすぎない印象の髪型が希望。

▶ HAIR DATA

顔型	丸顔	逆三角形	**面長**	**卵型**	ベース型
硬さ	柔らかい	**普通**	**硬い**		
毛量	少ない	**普通**	**多い**		
クセ	**なし**	**弱い**	強い		

ココが気になる！

まず気になったのは、前髪が長すぎること。意図的に長くしているのならＯＫですが、現状だとただ長いだけ。すると、暗くて重めな雰囲気になってしまいます。

また、耳が隠れているのも、爽やかなビジネススタイルを目指す場合はＮＧ。前や横から見たときに、野暮ったい印象を持たれてしまいます。あと、この写真ではわからないのですが、襟足がシャツの襟にかかるぐらい長いです。清潔感を出すためにも、シャツやスーツのジャケットに毛先がかかってしまう髪型は、なるべく避けたいですね。

親しみやすさ抜群な
爽やかビジネスショート

トップから前髪にかけて、しっかりとレイヤーを入れるようにカット。レイヤーを入れることによって、毛先に動きを出しやすくして、活発な印象に。耳周りやおでこの肌を出すことによって、爽やかなイメージもプラスしています。

こんな人にオススメ！

- ☐ 爽やかなイメージを付けたい方
- ☐ 話しかけやすい雰囲気になりたい方
- ☐ 初対面の人に好印象を与えたい方

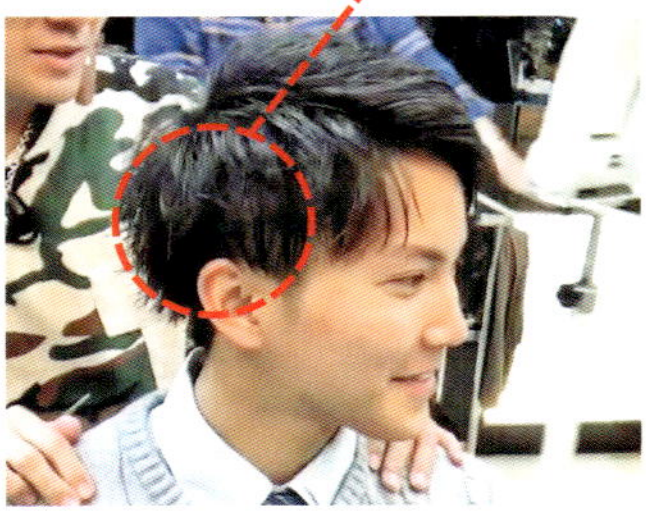

まずは、オーダーにもあった爽やかさを出すことを最優先。顔を前から見たとき、前髪をしっかり分けることで、明るい雰囲気は比較的簡単に出すことはできるのですが、サイドやバックは見せられる肌も少ないですよね？ そんなときは、サイドから後頭部にかけてのボリュームを軽くして、その軽さを爽やかさに繋げています（❶）。首・耳・おでこを出せば、清潔感もグンッとアップします。

前髪は7：3の王道ビジネススタイルに。今回は根元からガチっと立ち上げるのではなく、ふんわり流すようにしています（❷）。すると、やわらかな印象になって、初対面の人にも威圧感を与えないようになり、結果的に親しみやすい印象になります。サイドは毛先の方向を後ろにして、キレイな毛の流れをつくりました。キレイな髪の流れは全体的にシャープなイメージになるので、ビジネススタイルとの相性はバッチリです！

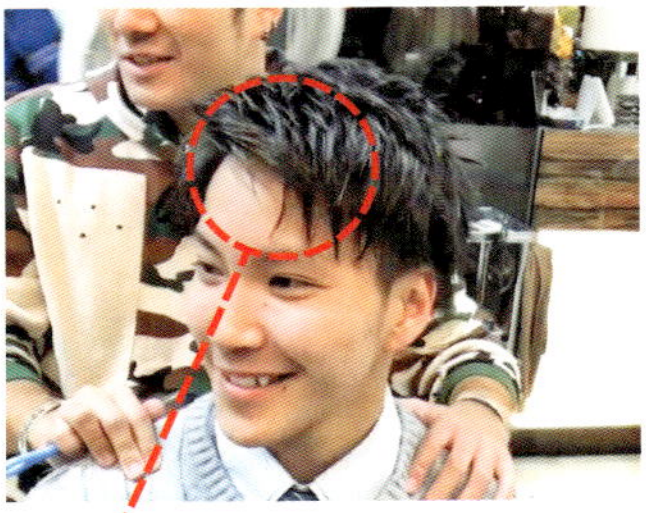

Style 03

冴えない日々とは決別！カチッとキメた髪型は大人への第一歩

「覇気がない」「威厳がない」と言われ続けてきたパッとしない人生――。

全然気にしてなかったけれど、もうアラサーだし、そろそろ大人な魅力も欲しいかも…。冴えない毎日にはサヨナラして、仕事もプライベートも充実させたい！

▶ MODEL DATA

YHRさん（28歳）

会社員

パッと見で仕事がデキそうな感じにして欲しい。体調がいいのに「顔色が悪い」と言われることも多いので、シャキッとした髪型にしたい。

▶ HAIR DATA

顔型	丸顔	逆三角形	面長	卵型	ベース型
硬さ	柔らかい	普通	硬い		
毛量	少ない	普通	多い		
クセ	なし	弱い	強い		

ココが気になる！

モサっと生えた中途半端なもみあげや、膨らんだハチ周りのせいで、顔や頭が大きく見えていますね。

また、セニングが均等ではないので、毛量がまばらになっています。セニングとは髪の毛を「すく」ことを言うのですが、これが均等じゃないと左右のバランスが悪くなり、キレイな菱形のシルエットが作りづらくなってしまいます。仮に、このままの髪型でセットしたとしても、キレイなシルエットにはならず、全体的に野暮ったい、冴えない印象になってしまうでしょう。

After

ツーブロックでカチッとキメる 大人な男のジェントルショート

ここ数年、バーバースタイルが流行ってから目にすることが多くなった髪型です。サイドをスッキリと刈り上げつつ、後ろに髪の毛を全部持っていくことにより、サイドのボリュームを抑えることができ、スマートな印象になっています。

こんな人にオススメ！

- □ 大人な印象を周りに与えたい方
- □ 仕事がデキる雰囲気を出したい方
- □ スッキリと清潔感を持たせたい方

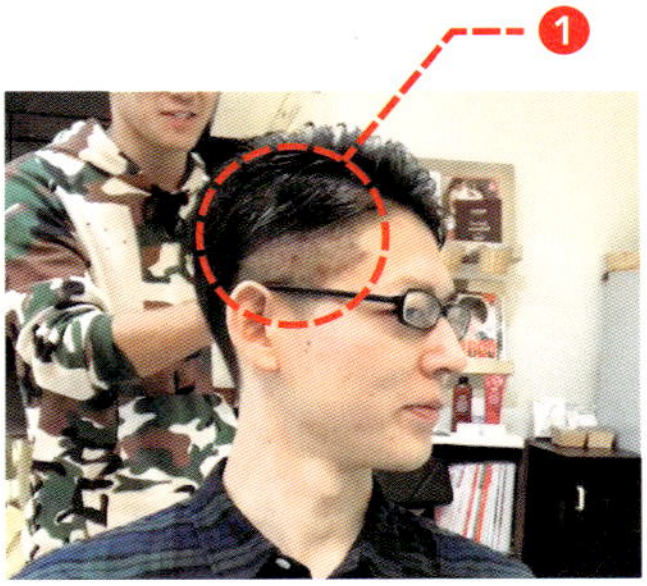

野暮ったく見える原因だったサイドにハサミを入れました（❶）。スッキリと刈り上げることによって、クリーンな清潔感と大人の男らしさを同居させています。

今回のスタイルは、８：２で分けたクラシカルな髪型なので、自然と大人なイメージを周りに与えることができます。オーダーがビジネススタイルだったので、ワックスではなくウェット系のスタイリング剤（グリース）でまとめて、全体に艶感を出してデキる大人な雰囲気を持たせています。さらに、人と話す機会も多い職業とのことなので、前髪をしっかり立ち上げて、相手の視線が自分の目にくるようにしています。

後ろの刈り上げの高さをすこし上げることによって、前後左右どこから見ても菱形のシルエットに（❷）。自分でセットするときも、鏡を見ながら整えることをオススメします！

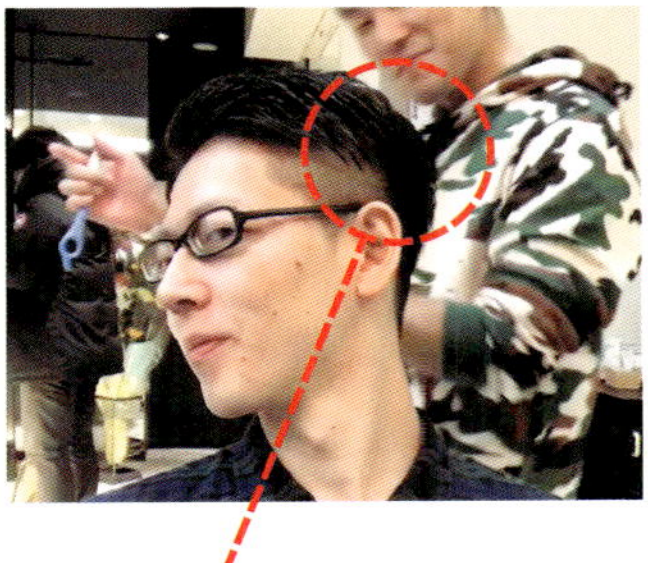

Style 04

求ム、好印象ヘア！
素材を生かした男前ショート

大人っぽくなるように伸ばしていた髪だけど、とっつきにくさを感じられたりすることも…。

想像していた大人の印象とはちょっと違う気がしてきた。

もっとたくさんの人に好感を持って貰える髪型ってどんなのだろう…？

▶ MODEL DATA

TOSHIさん（24歳）

パーソナルトレーナー

とっつきにくい雰囲気を感じられているので、親しみやすい髪型にしたい。体を動かす職場なので、汗をかいても邪魔にならない髪型が希望。

▶ HAIR DATA

顔型	丸顔	逆三角形	**面長**	卵型	**ベース型**
硬さ	**柔らかい**	**普通**	硬い		
毛量	**少ない**	**普通**	**多い**		
クセ	**なし**	**弱い**	強い		

ココが気になる！

ストレートヘアでセンター分け、かつロングなので、どうしても独特な雰囲気を感じられることも多いかと思います。職業がフィットネストレーナーなので、モードな感じより、スポーティな方が彼の生活にはマッチするのかなと思います。また、毛先がえらの方向にきているので、えらが強調されたシルエットになっていますね。

ちなみに、モードにするならカラーも中途半端。極端に暗くするか・明るくするかに振り切って、カットラインも揃えましょう。

After

精悍な印象を醸し出す アップバングな男前ショート

サイドとバックを刈り上げて、トップを短めに設定したショートスタイル。トップだけでなく、ハチ周りやサイドのボリュームも抑えて、全体的にコンパクトな構成に。主張しすぎない髪型が、親しみやすい雰囲気をつくり出しています。

こんな人にオススメ！

- □ 顔のパーツがハッキリしている方
- □ アクティブなイメージをつくりたい方
- □ 親しみやすい印象を持たれたい方

❶

重めな印象をつくり出していた、トップの長い髪。ここを短くして、サイドとバックも刈り上げて、全体的に軽めのスタイルに(❶)。すると、活発で明るいイメージが出たかと思います。

彼の場合、目鼻立ちがハッキリしていたので、顔の印象を邪魔しないように、髪型はなるべく控えめに、さらにおでこの面積を広くするようにして、視線が髪だけではなく顔にもくるようにしています。

カラーは暗めのブラウンに細かいメッシュを入れて、動きと若々しい印象を。ハチが張っているので、サイドは抑えて菱形のシルエットにしています。

また、毛先もえらの周りを向かないようにしています(❷)。

基本的に「メンズはいかにして目線を上にもってくるか」が重要です。女性はえらをはっていても髪を伸ばせば隠せますが男性ではなかなか難しいので。

❷

Chapter 05

大月渉の「スタイリングQ&A」

今さら聞けない悩みや疑問をズバッと解決

Question 01 美容院に行くとき着ない方がいい服装は？

美容院に行くときにはどんな服装で行けばいいのでしょうか…？

営業職なので仕事の合間に美容院に行くこともできるのですが、スーツで行っていいものなのか気になります。

ANSWER

スーツを着たお客様もいらっしゃいますので、気にせず切りに来ていただいて大丈夫です。施術の際に、第1ボタンとネクタイだけ緩めていただければ何の問題もありません。

自由な服装でご来店いただいて大丈夫ですが、しいて言うなら厚みのあるフードが付いたパーカーは控えていただけると助かります。男性のお客様は襟足を切る場合が多いので、厚手のパーカーはカットのとき、どうしても切りづらくなってしまうので。

普段の生活にマッチした髪型にするためにはなるべく普段着ている服装で、逆に「気合いを入れて異性とデートしたい」などの明確な目的があるときは、そのときの服で来てください。その時々に合った髪型をご提供しますよ！

Question 02 髪をふわっとさせるいい方法はありますか？

細くてやわらかい猫っ毛のため、いつも髪にボリュームが出なくて困っています…。

シャンプーなどで髪をふわっとさせることはできませんか？

オススメのヘアケアの方法を教えてください。

ANSWER

髪の毛がやわらかい方には、ノンシリコンシャンプーをオススメします。髪にハリが出て弾力が増しますので、セットしやすくなると思いますよ。

ちなみに、トリートメントやコンディショナー、ヘアオイルなどはあまりつけ過ぎないほうがいいですね。髪の毛がベタッとしてしまいます。猫っ毛の方の中には、全くつけない方がセットしやすいという方もいます。

しかし、トリートメントなどを全くつけないと髪にダメージは蓄積されてしまいますので、それはそれでセットしづらいパターンもあるので注意が必要です。

いろいろなパターンを試して、自分にあったヘアケアを見つけてみてください。

Question 03 セットしなくてもカッコいい髪型を教えて

仕事の日は時間がなく、休日はめんどくさくてなかなかセットする時間を確保できません。

ワックスやジェルのいらない髪型を探しています。

セットしなくてもカッコイイ髪型で、何かオススメはありますか…?

ANSWER

セットしなくてもカッコイイ髪型……、残念ながら基本的にはないと思っています。

例えば、ジャニーズの方などに多い、あまりワックスをつけずサラッと動かすだけの髪型。あれは完全に顔ありきです。

どんな髪型であれ、ちゃんとカッコいい見た目にするなら、すこしでもスタイリング剤をつけてセットしましょう。

本当に時間がないという人は、なるべくセットに時間がかからない髪型にしてみるのはいかがでしょう?

例えばトップは短く、全体の毛量も少なめにすれば、少量のワックスでもセットしやすくなります。

もしくは、パーマをかけてみるのも一つの方法です。常に動きのある髪にすることができるので。

Question 04 オススメのワックスはありますか？

髪を切る度に市販のワックスを試そうと思うのですが、種類がいっぱいあってどれがいいのかよくわかりません。

何かオススメのものはありますか？

また、安価なものより高価なものを買った方が間違いないのでしょうか？

ANSWER

値段で選ぶよりも、自分の髪質や髪型に合ったものを探しましょう。

ワックスの種類は、クリーム・ファイバー・マットなどのタイプがあり、他にはグリース・ジェルなどがあります。

万能なのはクリームタイプですね。ショートヘアにもロングヘアにも使えます。ファイバータイプは粘り気があり、髪に馴染みやすいのが特徴。つけたあとも再び整髪が可能です。固めのマットタイプはドライに仕上がりますので、艶を出したくない人や軟毛の人にオススメです。ショートヘアにも向いています。グリースは髪に艶や光沢が欲しい人やビジネスマンスタイルの髪型に合います。ジェルも艶が出ますが、つけた瞬間に固まるのでスプレーの手間が不要です。

Question 05

美容院での仕上がりに満足できませんでした

初めて行った美容院で髪を切ってもらったのですが、あまり仕上がりに納得できませんでした…。

仕上がりに満足できないときは正直に言った方がいいのでしょうか?

もうその美容院に行かなければ済む話なので、言っても仕方ないなら言わないでおこうと思います。

ANSWER

10日〜2週間以内までなら無料でお直しをしてくれる美容院は結構多いです。

せっかく髪を切りに行ったのに、満足できずモヤモヤしてしまうなら、ズバッと伝えてしまいましょう。お直しを嫌がる美容師もまずいないので。

お金を払ってる以上は、納得いく髪型にしてもらう権利があります。ぜひとも仕上がりについて相談することをオススメします。

ただ、最初のオーダーとは正反対の髪型にして欲しい場合はカット料金が別途必要になってきますのでご注意を。

同じ美容師に直してもらう場合は、今度は納得のいく髪型になるように髪型の希望や悩みなどしっかり相談しましょう。

Question 06 髪が細くてセットしづらい

30代に入ってから髪の毛のコシやハリがなくなり
徐々に髪の毛が細くなってきてしまいました。
しかし、オシャレは大好きで髪もちゃんとセットがしたいです。
髪の毛が細くてもセットしやすい髪型などがあれば教えてください。

ANSWER

僕も髪の毛が細いのでお気持ちはすごくわかります…！

そんなときは、細さを生かした髪型にしてみましょう。

細さを生かした髪型にすることによって、毎日のセットが楽しくなりますよ。

髪の毛が細い方は毛先の空気感が出しやすいという特徴があります。そのような個性を生かした髪型がオススメです。

まずはトップを短くして髪を立たせやすくしてみましょう。

また、毛先を遊ばせるために、毛先をキレイに揃えないようザックリ切っていきます。

髪の毛が細い人の中には、髪をすかないようオーダーする人が多いですが、毛先に動きを出すなら適切にすいた方がいいです。

Question 07

美容院でのシャンプーを自宅で再現できますか？

美容院でやってもらうシャンプーが、気持ちよくて大好きです。

美容院でシャンプーしてもらうのと自分でシャンプーするのでは、どうしてあんなに気持ちよさが違うんですか？

何かコツがあれば教えて欲しいです。

ANSWER

①まずしっかりお湯で髪を濡らす。②シャンプーを手に取り、事前に泡立てる。③爪は立てず、指の腹で揉むようにリズムよく洗う。これら3つを徹底しています。
また、お湯の温度は37～40度が適切です。毛穴の汚れを落とすために、2回洗う方がいらっしゃいますが、人によっては頭皮の油分がなくなってしまうので、洗浄力の強いシャンプーを使うときは注意が必要です。

ちなみに僕も自宅で、お客様にするように自分の頭を洗ってみたことがあります。でもあんまり気持ちよくないんですよね…。やっぱり人に洗ってもらうのが一番です。

美容院によってはシャンプーのみの施術を受け付けているところもありますので、探してみてはいかがでしょう？

Question 08 髪の毛を染めるとき頭皮が痛くなってしまう…

定期的に美容院で髪の毛を染めているのですが、いつも頭皮が痛くなってしまいます。

元々、皮膚が強いわけではないので、頭皮の痛みが心配になり、最近は染めるのをためらってしまいます…。

頭皮の痛みを軽減するいい方法はありませんか?

ANSWER

美容師のカラーの腕にもよりますが、頭皮から1～3ミリぐらいあけてカラー剤を塗ってもらってください。

根元の明るさは周りから見てもよくわからないので、この方法ならしっかり見た目が染まりながらも、頭皮が痛くならずに済みます。

また、頭皮の環境は寝不足やストレスなどでも変わってくるので、傷まないよう気を付けましょう。

ちなみにお客様の頭皮が元々強いか弱いかは、見るだけではなかなかわかりません。なので、頭皮が痛くなってしまう旨をカラーの前にしっかり美容師に伝えることが重要です。植物由来のカラー剤など、頭皮になるべくやさしいものがあればそれを使いましょう。

Question 09 髪を切っているときは必ず喋らなきゃいけない？

美容院に行って一番気まずく感じるのが、美容師さんとの会話です。

元々喋るのが得意ではないので、気を使って話しかけてもらっていると思うと緊張してしまいます。

正直、会話はない方が嬉しいのですが、話さないのも美容師さんに対して悪い気がしています…。

ANSWER

絶対に話さなければいけないことなんて、全くないですよ！

僕の場合は、雑誌を読んでいるお客様には話しかけないようにしています。美容師によってどう対応するかは様々なので、一番確実なのは「話すのが苦手」「会話必要なし」など、予約の際に伝えることです。ネット予約の場合は、コメント欄に書いておくだけでOKです。

あらかじめ伝えておいた方が、お互いストレスフリーになっていいと思います。「会話はいらない」と伝えられても、美容師は全く気にしていないので大丈夫。

お客様の過ごしやすいようにしてもらうのが一番です。

それこそ、いろんなお客様がいらっしゃるので、「会話少ないな〜」って一々思うこともありません。

Question 10 お客さん相手に失敗したことありますか？

髪の毛は切ってしまうと伸びるまで元に戻らないので、美容師は失敗が許されない仕事でスゴイと思います。

大月さんの今までの経験談などを教えていただけると嬉しいです。

ANSWER

お客様相手に失敗したことはないと思います。

なぜ、ないと“思う”なのかというと、美容師にとって成功か失敗かは、お客様が仕上がりに満足したかどうかだけが決めるからです。お客様が心の底から満足してくれているかどうかは、その方にしかわかりません。なので、僕には本当のところは知ることができないのです。

しかし、どのお客様も「ありがとうございました」と言ってお店を後にしてくれます。僕はその言葉を信じることにしていますので、僕の中では今のところ失敗はございません。

髪型は、流行を含め一瞬で移り変わっていきます。

これからも失敗しないよう、お客様に満足していただけるよう、常に勉強していかないといけないなと思っています。

おわりに

この本を書きながらずっと思っていたことがあります。
それは、最後までこの本を読んでくれた方の気持ちを、すこしでも変えられたら……という想いです。

おそらく、この本を読んでくれた方には「変わりたい」とか「カッコよくなりたい」という思いが大なり小なりあると思います。
しかし、世の中にはカッコつけることを馬鹿にしたり冷やかしたりする人たちもいます。

「たいしたルックスでもないのに」

「カッコつけてどうするの…?」

そんなつまらない言葉を吐き捨てる、つまらない人々に囲まれて、「カッコよくなりたい」という思いを心の奥底にしまってしまう方を多く見てきました。

しかし僕は、この本を通して伝えたかったんです。

「カッコよくなりたい」という思いは恥ずかしくもなんともない、至極真っ当な考え方だということを。

自分の中の「カッコいい」を純粋に追い求める。

そのスタンスがすでに「カッコいい」と僕は思います

本書でも触れましたが、世の中にはいろいろな「カッコいい」があると思います。

だからこそ自分で考えて、悩んで、相談して……。

すこしずつ理想に近付いていく。


その単純作業が重要で、その繰り返しは一生付きまといます。

一生付き合っていくことならば、すこしでも楽しい美容人生が送れるよう、そのお手伝いをこの本でできればと思いました。


どんな人にも平等に、カッコよくなる権利はあります。

同時に、その権利を持っていても、カッコよくなれるのは一歩踏み出す勇気を出した人だけ。

カッコよくなりたい動機はなんだって大丈夫です。


ただ一歩をまず踏み出すこと——。

その踏み出した一歩分、違う世界が広がります。

この本を読み終わったあと、一歩踏み出せるような――
ふとこの本を思い出して、背中をそっと押してあげられるような――
そんな本であって欲しいと心から願っています。
最後までお読みいただきありがとうございました。

髪型で人生変わるよ。

人生は髪でズバッと変わる

なんとなく髪を切って損をしないためのすごいコツ

2019年3月5日 初版発行

著	大月 渉
カバーイラスト	ふじた
装丁デザイン	真々田 稔［rocka graphica］
本文デザイン・DTP	朝日メディアインターナショナル株式会社
本文イラスト	須藤裕子
編集	箭原敬大
発行人	野内雅宏
編集人	鈴木海斗
発行所	株式会社一迅社 〒160-0022 東京都新宿区新宿3-1-13 京王新宿追分ビル5F 03-5312-6131（編集部） 03-5312-6150（販売部） 発売元：株式会社講談社（講談社・一迅社）
印刷・製本	大日本印刷株式会社

Printed in JAPAN　ISBN978-4-7580-2025-1